战略联盟

产业技术创新视角研究

郭丽仙　著

经济管理出版社
ECONOMY & MANAGEMENT PUBLISHING HOUSE

图书在版编目（CIP）数据

战略联盟：产业技术创新视角研究/郭丽仙著 . —北京：经济管理出版社，2023. 9
ISBN 978-7-5096-9323-0

Ⅰ . ①战… Ⅱ . ①郭… Ⅲ . ①产业经济—技术革新—研究—中国 Ⅳ . ①F124. 3

中国国家版本馆 CIP 数据核字（2023）第 188017 号

组稿编辑：陆雅丽
责任编辑：任爱清
责任印制：许　艳
责任校对：蔡晓臻

出版发行：经济管理出版社
　　　　　（北京市海淀区北蜂窝 8 号中雅大厦 A 座 11 层　　100038）
网　　　址：www. E-mp. com. cn
电　　　话：(010) 51915602
印　　　刷：唐山昊达印刷有限公司
经　　　销：新华书店
开　　　本：720mm×1000mm/16
印　　　张：13. 5
字　　　数：173 千字
版　　　次：2023 年 12 月第 1 版　2023 年 12 月第 1 次印刷
书　　　号：ISBN 978-7-5096-9323-0
定　　　价：78. 00 元

前　言

　　随着国家创新驱动发展战略步伐的加快，战略联盟的一种新型组织形式即产业技术创新战略联盟作为技术创新体系的重要载体被提上更加重要的日程。实践证明，产业技术创新战略联盟作为一种合作创新的新型组织模式在整合知识与技术创新资源、解决产业共性关键问题、实现重大技术创新等方面发挥着越来越重要的作用。然而，从近年来产业技术创新战略联盟运行情况来看，总体存在稳定性差、运行效率不高等问题。如何提高产业技术创新战略联盟的稳定性管理水平成为业界和学术界亟须解决的问题。

　　本书在前人研究成果的基础上，基于产业技术创新视角，以关系资本影响产业技术创新战略联盟稳定性为研究主线，将关系资本、知识共享、公平感知与产业技术创新战略联盟稳定性置于同一研究框架下，提出相关研究假设并构建理论模型，以云南省产业技术创新战略联盟为研究对象，通过问卷调查获取数据，借助 Amos 22.0 和 Spss 22.0 统计软件，基于结构方程模型和回归分析进行实证检验。结果表明：关系资本对产业技术创新战略联盟稳定性和知识共享有正向影响；知识共享对产业技术创新战略联盟稳定性有显著影响，并在关系资本与产业技术创新战略联盟稳定性关系中发挥中介作用；公平感知在关系资本与产业技术创新战略联盟稳定性关系中发挥部分调节效应。

基于研究结果，本书总结了研究结论和理论贡献，提出了促进产业技术创新战略联盟稳定运行的对策和建议，同时指出研究存在的不足和未来研究展望。

郭丽仙

2023 年 6 月 16 日

目　录

表目录

图 目 录

第一章　引言

第一节　研究背景

日益激烈的全球化竞争和多样化客户需求对企业知识水平与技术创新能力提出了更高的要求。企业仅仅依靠自身有限资源已难以实现重大技术创新，"单打独斗"已无法赶上经济快速发展的脚步，更无法适应知识不断更新、科技进步加快的形势，必须在一定范围内通过"合作"寻求优势互补的合作伙伴，整合知识与技术创新资源，解决产业共性关键问题，实现科技资源有效分工与协作。大学和科研机构因集聚更多科技力量而成为企业合作的选择对象。自20世纪90年代以来，产业技术创新联盟作为一种全新的产学研结合模式在全球范围内大量涌现，并成为企业提高创新效率、获取竞争优势的关键方式，世界各国都将其作为启动科技、经济一体化进程的突破口，并施以政策加以支持，我国也不例外。

自2005年实施国家技术创新引导工程以来，我国已陆续制定了《关于推动产业技术创新战略联盟构建的指导意见》《国家技术创新工程总体实施方案》《关于推动产业技术创新战略联盟构建与发展的实施办法（试行）》等一系列政策文件，着力推进产业技术创新战略联盟技术创新伟大工程。2016 年国务院发布的《"十三五"国家科技创新规划》明确了国家科技创新的总体目标，2017 年科技部等 15 部门联合发布的《"十三五"国家技术创新工程规划》也提出要把建设发展一批能够带动产业整体创新能力提升的产业技术创新战略联盟作为规划的重点战略任务。2020 年 2 月《国务院办公厅关于推广第三批支持创新相关改革举措的通知》决定在全国 8 个区域内推广第三批 20 项改革举措，着力破除制约发展的体制机制障碍，部署开展全面创新改革实验。

党的十九大报告明确提出，加快实施创新驱动发展战略，建立以企业为主体、市场为导向、产学研深度融合的技术创新体系，推进产业技术创新战略联盟建设。党的二十大报告进一步指出，加强企业主导的产学研深度融合，强化目标导向，提高科技成果转化和产业化水平。实现这一战略目标，核心在于培育自主创新主体，提高自主创新能力，基本载体就是积极培育并持续推动产业技术创新战略联盟稳定发展。实践证明，产业技术创新战略联盟作为产学研协同创新的新型组织形态，从最初的风险分担、成本降低逐渐转变为组织学习与技术创新，能够很好地优化资源配置、实现知识共享、提升创新能力。其在实现科技资源有效分工与协作、引导与刺激产业技术创新、突破产业共性关键技术等方面显示出强大优势和发展潜力。产业技术创新战略联盟作为我国技术创新体系的重要载体，在推动实现国家创新驱动发展战略目标中发挥着越来越重要的作用。

在我国大力实施创新驱动发展战略的背景下，云南省提出系列措施推动落实创新型云南行动计划，旨在集中各方面的资源和力量，构建一批高水平科技创新平台，壮大一批高科技创新型企业，实施一批能够支撑和引领云南经济社会发展的重大工程，带动提升云南总体创新能力。同时在推进技术创新工程的相关实施方案中也提出要以云南省应用技术研究院为主，重点引导和支持构建冶金、化工、新能源、生物、医药、装备制造等领域的产业技术创新战略联盟，促进科技成果转化运用。因此，推动产业技术创新战略联盟健康稳定发展，充分发挥创新型企业、科研院所和高校等组织结构的资源和技术优势，共同突破制约云南省产业发展的技术"瓶颈"，提高自主创新能力，也是创新型云南行动计划得以落实的重要保障。

第二节　研究问题

近年来，我国产业技术创新战略联盟作为深入贯彻落实《国家中长期科学和技术发展规划纲要》的重要举措之一，在各个地区如火如荼地开展。自 2007 年首批成立四个产业技术创新战略联盟以来，随着国家政策引导与资源投入的不断增加，全国联盟数量如雨后春笋般不断增长。2012 年，科技部发布的国家产业技术创新战略试点联盟有 39 家，2013年，科技部发布的国家级试点联盟有 55 家，目前国家认定的试点产业技术创新战略联盟超过 150 家，所聚集的企业、高校和科研机构已达 5000余家。产业技术创新战略联盟作为推动产业竞争格局演变的新型组织形态，在建立以企业为主体、市场为导向、产学研相结合的技术创新体系中发挥着越来越重要的作用。

然而，联盟成立以后的运行绩效总体不佳。在 2012 年科技部对 56 家联盟试点开展的绩效评估中仅有 26 家为优秀，有 4 家联盟被取消试点资格。2014 年，云南省的 26 家产业技术创新战略联盟试点考核优秀率仅为 50%。中国产业技术创新战略联盟协同发展网 2018 年发布的《2017 年度产业技术创新战略联盟活跃度评价报告》指出，在对 110 家试点联盟活跃度测评中，活跃度高和较高的联盟为 46 家，仅占参评联盟的 45.54%。《2020~2021 年度产业技术创新战略联盟活跃度评价报告》指出，在 107 家录入数据库的试点联盟中，活跃度高和较高的联盟有 57 家，已有明显提高，但是仍有部分联盟在组织协同创新、引领或支撑产业发展方面作用发挥不明显。总体来看，产业技术创新战略联盟在快速发展的同时，也存在联盟稳定性不高、绩效参差不齐等问题，究其原因有多方面的内外部因素，其中一个重要原因是联盟成员之间由于关系质量不牢、沟通交流不多、知识共享程度不高，导致协同创新受到影响。产业技术创新战略联盟作为一项复杂的系统工程，是否能稳定运行不仅关系成员利益，而且涉及整体战略目标的实现。因此，如何提高产业技术创新战略联盟的稳定性成为摆在业界和学术界面前亟须解决的问题。

中国是一个关系型社会，个人之间的社会交往离不开关系这一非正式联结。这种普遍观念后来从微观个人延伸到组织领域。从已有研究中可以看到，学者们普遍认可信任、承诺、沟通等关系资本要素是影响联盟稳定性的重要因素，在企业联盟、供应链联盟、跨国技术联盟等联盟合作中发挥着重要作用（蔡继荣，2012；李瑞光，2015；杨震宁和白春叶，2018）。实现知识共享和技术创新是组建产业技术创新战略联盟的初衷与本质，知识的有效转移和共享是提升企业核心竞争力的重要条件，对于推进技术创新、提升合作绩效有重要影响（刘二亮，2010；蒋樟生和郝云宏，2012；王玉丽，2015）。关于公平的研究不仅适用于个人，也适用于组织合作，是否感知公平的主观心理感受在维护关系质量、巩固合作成果等方面扮演着重要角色（彭雷清和李泉泉，2010；张涵、康飞和赵黎明，2017）。

产业技术创新战略联盟成员来自不同利益主体，有不同的价值观和评价标准，能否在感知公平的合作环境中建立并巩固彼此之间的良好关系，促进知识资源有效共享对于维持合作稳定尤为重要。基于此，本书在已有文献研究的基础上，以国家创新驱动发展战略为背景，以云南省产业技术创新战略联盟为研究对象，以关系资本对产业技术创新战略联盟稳定性的影响为研究主线，引入知识共享和公平感知，构建关系资本、知识共享、公平感知与产业技术创新战略联盟稳定性的关系模型和研究框架。通过问卷调查获取数据，并借助相关统计软件进行验证分析，揭示关系资本对知识共享和产业技术创新战略联盟稳定性的影响，分析知识共享对产业技术创新战略联盟稳定性的影响及其在关系资本与产业技术创新战略联盟稳定性关系中的中介作用，关注公平感知在关系资本与产业技术创新战略联盟稳定性关系中的调节效应，进一步丰富联盟稳定性理论体系和研究领域，为产业技术创新战略联盟管理者和参与者提升稳定性管理水平提供理论指导和实践启示。

第三节　研究意义

产业技术创新战略联盟是一种新型的联盟组织形式，在整合创新资源、突破共性关键技术、提升技术创新能力等方面显示出较大的发展潜力。产业技术创新战略联盟能否平稳有效运行与持续健康发展，事关重大技术创新和整体战略目标的顺利实现，研究产业技术创新战略联盟稳定性具有重要的理论意义和现实意义。

一、理论意义

随着联盟的不断发展，学者们对联盟稳定性、发展对策、运行机制等给予了关注和重视，相关研究也开始从宏观视角向微观切面变化。但总体来看，针对产业技术创新战略联盟这一新型联盟组织形式的研究起步较晚，尚处于探索阶段，研究的广度、深度有待进一步拓展；基于关系资本视角，结合知识共享特性来研究产业技术创新战略联盟稳定性的理论成果尚不多见。本书基于国家创新驱动发展战略背景，从关系资本入手研究产业技术创新战略联盟稳定性，引入知识共享和公平感知进行整合分析，深入剖析关系资本、知识共享、公平感知与产业技术创新战略联盟稳定性的影响关系和作用机理，揭示关系资本、知识共享如何影响产业技术创新战略联盟稳定性以及公平感知如何调节关系资本与产业技术创新战略联盟稳定性之间的关系。通过实证检验得出研究结论，提出相应的对策和建议，研究成果有助于补充现有的联盟稳定性、关系资本、知识共享、公平感知等研究领域及相关理论研究案例，对于进一步丰富和发展创新管理、战略管理、社会资本、知识共享等相关理论具有重要的学术价值，也为推进产业技术创新战略联盟的建设和稳定运行提供了理论依据和参考。

二、实践意义

近年来，我国产业技术创新战略联盟作为提高产业整体创新能力的重要组织形式取得了较大发展，成为实现重大技术创新，推进产学研协同创新的重要主体。由于我国产业技术创新战略联盟起步晚、起点低，还是一种相对新颖的组织形态，因此缺乏系统的理论支持和实践经验，加之相关配套政策还不完善，联盟运行中存在稳定性差、运行效率不高等问题。如何利用好各方面资源，采取有效措施促进产业技术创新战略联盟稳定运行，提高合作成效，亟须联盟参与者和管理者加以解决。在经济快速发展的当今时代，知识不仅是一种重要的生产资源，也是首要的竞争性资源，知识和技术对于联盟组织的持续发展与合作创新显得尤为重要。本书立足于中国社会背景，强调产业技术创新战略联盟中关系资本对于稳定性的影响；揭示知识共享在关系资本与产业技术创新战略联盟稳定性关系中的中介作用；同时关注公平感知在关系资本与产业技术创新战略联盟稳定性关系中的调节效应。通过实证分析得出研究结论，有助于产业技术创新战略联盟的参与者和管理者更好地认识到关系资本、知识共享在联盟稳定运行中的重要促进作用以及公平的合作环境在联盟稳定运行中的重要保障作用，进而采取有效的管理措施，更好地维护关系资源，搭建共享平台，营造公平的合作环境，推进实现协同创新。研究成果有助于落实创新型云南计划，对于提升产业技术创新战略联盟稳定性管理水平具有重要意义，也为联盟相关主管部门的科学决策与经验推广提供了参考和借鉴。

第四节　研究内容与研究方法

一、研究内容

本书在对相关文献进行梳理评述的基础上，基于现有研究理论，结合云南省产业技术创新战略联盟的调查研究，通过问卷收集数据并进行实证分析，揭示关系资本、知识共享、公平感知与产业技术创新战略联盟稳定性的影响关系及作用机理。研究内容具体包括以下六个：

（1）关系资本与产业技术创新战略联盟稳定性的关系。从相互信任、互惠承诺、有效沟通和共同行动四个方面构建基于关系资本的产业技术创新战略联盟稳定性理论框架。提出关系资本影响产业技术创新战略联盟稳定性的研究假设，通过实证分析，揭示关系资本对产业技术创新战略联盟稳定性的影响关系。

（2）关系资本与知识共享的关系。基于前人研究成果，从相互信任、互惠承诺、有效沟通和共同行动四个方面提出关系资本影响知识共享的研究假设，通过实证检验，得出关系资本与知识共享的关系结论。

（3）知识共享与产业技术创新战略联盟稳定性的关系。在总结已有研究成果的基础上，提出知识共享影响产业技术创新战略联盟稳定性的研究假设，通过实证分析，揭示知识共享对产业技术创新战略联盟稳定性的影响关系。

（4）关系资本、知识共享与产业技术创新战略联盟稳定性的关系。在上述研究的基础上，将关系资本、知识共享和产业技术创新战略联盟稳定性三者进行整合分析，提出知识共享在关系资本与产业技术创新战略联盟稳定性关系中发挥中介作用的研究假设，通过实证分析，得出知识共享与关系资本和产业技术创新战略联盟稳定性的关系结论。

（5）公平感知与关系资本、产业技术创新战略联盟稳定性的关系。将公平感知运用于产业技术创新战略联盟稳定性研究中，提出公平感知在关系资本与产业技术创新战略联盟稳定性关系中发挥调节效应的研究假设，通过实证分析，得出公平感知与关系资本和产业技术创新战略联盟稳定性的关系结论。

（6）研究结论与展望。在上述实证分析的基础上，揭示关系资本、知识共享、公平感知与产业技术创新战略联盟稳定性的影响关系和作用机理，总结相关研究结论，归纳研究的理论贡献，提出管理启示和政策建议，指出本研究的局限性和未来研究方向。

二、研究范围

为了使读者清晰了解研究对象和内容，本书对相关研究范围进行说明：

（1）很多学者在研究战略联盟时，将研究对象聚焦于企业责任主体。本书以产业技术创新战略联盟为研究对象，其具有主体异质性等特征，是结构相对松散的一种联合体，因此本书研究主体既包括企业，也包括非企业在内的高校、科研院所、政府机构和其他组织。扩展不同主体的产业技术创新联盟有利于提高研究结论的普适性。

（2）一些学者在研究联盟知识共享时，多局限于企业主体之间。由于产业技术创新战略联盟由企业、高校、科研院所、政府或其他组织等多个主体构成，因此本研究强调的是联盟内部组织成员之间的知识共享，是有目的、有方向、有计划的双向知识流动和共享，突出合作后的知识创新与价值实现。同时，本书所研究的关系资本也主要指嵌入于联盟组织内的关系资本，不包括联盟外关系资本。

三、研究方法

本书在理论分析的基础上，结合实证研究，遵循"理论分析→研究假设→实证检验→结果讨论"的基本思路进行研究。

首先，采用文献分析法形成对研究问题的初步认识。着眼于对产业技术创新战略联盟稳定性、关系资本、知识共享、公平感知等领域的研究，对已有文献进行回顾和梳理，确定本研究的切入点，提出相关研究假设，构建理论模型，为本书提供理论依据，奠定研究基础。

其次，在文献分析的基础上，通过专家调查法咨询相关领域专家意见进一步梳理形成关系资本构成内容，针对已有研究所涉及的成熟量表，根据研究需要适当修改，在小样本预测试的基础上完善量表，形成正式问卷，通过向被调查者发出问卷，请其针对实际情况填写问卷内容，获取相关数据信息。

最后，依托 Spss、Amos 统计软件，通过描述性统计分析、信度分析、探索性因子分析、验证性因子分析、回归分析以及结构方程模型进行实证检验，得出关系资本、知识共享、公平感知与产业技术创新战略联盟稳定性的关系结论。

第五节　技术路线与结构安排

一、技术路线

本书从研究问题出发，对相关文献进行回顾和评述，提出"关系资本影响产业技术创新战略联盟稳定性"的研究主题，构建相关理论模型，结合现有量表，进行初始问卷设计与发放，在小样本预测试的基础上，修正形成正式问卷，收集整理相关数据，通过实证分析得出研究结论，提出本书的局限性和下一步研究方向。本书的研究思路如图 1-1 所示。

二、结构安排

根据上述研究思路和技术路线，对各章节的内容安排如下：

第一章为引言。提出研究背景、研究问题、研究的理论意义和现实意

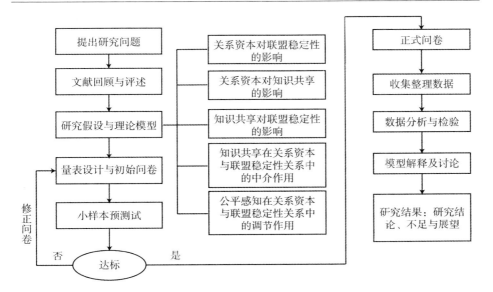

图1-1 本书的研究技术跨线

资料来源：笔者自行绘制。

义，确定研究内容、研究方法、技术路线和各章结构安排，指出本书的创新之处。

第二章为文献综述。对产业技术创新战略联盟稳定性、关系资本、知识共享、公平感知及其关系的相关研究文献进行梳理和回顾，对已有研究成果进行总结和评述，确定研究的切入点，形成基本研究思路，为本书写作奠定理论基础。

第三章为研究假设与理论模型。根据已有理论成果和文献回顾，梳理关系资本、知识共享、公平感知与产业技术创新战略联盟稳定性之间的逻辑关系，提出研究假设，构建本书的理论模型。

第四章为研究设计与分析方法。基于现有量表设计初始问卷，通过小样本预测试获取数据，借助信度分析、探索性因子分析对量表进行检验并做适当修正，为形成正式问卷奠定基础。

第五章为实证检验与结果分析。对收集的正式问卷进行整理，借助

Spss 和 Amos 统计软件，通过描述性统计、信度效度检验、结构方程模型等统计方法进行数据分析和假设检验，得出研究结果。

第六章为研究结论与展望。根据实证分析结果，总结本书的研究结论，归纳主要理论贡献，提出管理启示和建议，指出研究的局限性和未来研究方向。

第六节　主要创新点

本书基于国家创新驱动发展战略，以云南省产业技术创新战略联盟为研究对象，从关系资本视角对产业技术创新战略联盟稳定性进行研究，这是一项在创新管理和战略管理领域具有探索性和创新性的工作。研究成果不仅有助于丰富现有的联盟稳定性研究领域，而且有助于为产业技术创新战略联盟稳健运行与持续发展提供借鉴和参考，更为实现国家创新驱动发展战略提供一定的依据。其主要创新之处表现在以下三个方面：

（1）基于关系资本视角，引入知识共享和公平感知，构建关系资本、知识共享、公平感知与产业技术创新战略联盟稳定性的理论模型，揭示关系资本促进产业技术创新战略联盟稳定性的作用机制，研究内容具有一定的创新性。从已有文献看，产业技术创新战略联盟稳定性研究尚处于初级探索阶段，还未形成完整、系统的理论体系。将关系资本、知识共享、公平感知和产业技术创新战略联盟稳定性置于同一理论框架，对其影响关系和作用机理进行研究尤为缺乏。本书以关系资本影响产业技术创新战略联盟稳定性为研究主线，同时探究知识共享和公平感知在其影响关系中的中介作用与调节效应，研究成果有助于拓展并整合社会资本、知识管理、公平理论在联盟管理中的运用，丰富战略联盟稳定性理论研究体系，同时也为提升产业技术创新战略联盟稳定性管理水平提供了借鉴和参考。

（2）基于产业技术创新研究战略联盟的稳定发展，论题具有一定的新意。当前对于战略联盟的研究多关注于企业荚盟、集群发展等方面，对产业技术创新战略联盟这一新型合作形式的研究还不够系统和完整。本书以云南省产业技术创新战略联盟为调查对象，将战略联盟相关理论引入产业技术创新战略联盟中，从产业技术创新及整体核心竞争力提升方面研究联盟稳定性，这一论题有助于深化和丰富创新管理、战略管理等相关理论研究体系。

（3）应用结构方程模型分析产业技术创新战略联盟稳定性，研究方法具有一定的新颖性。当前产业技术创新战略联盟稳定性研究主要是定性或定性与定量相结合的分析与研究，基于结构方程模型进行实证分析的相对不多。本书通过问卷调查收集整理数据，把结构方程模型引入产业技术创新战略联盟稳定性研究，运用 Spss、Amos 等软件和工具进行求解，对于丰富该领域的量化实证研究具有重要意义。

本章小结

本章是引言部分，主要介绍研究背景，提出研究的主要问题，阐述研究的理论意义和实践意义，同时对研究内容、研究方法、技术路线、章节安排及主要创新点进行介绍和说明。

第二章 文献综述

第一节 产业技术创新战略联盟稳定性研究

产业技术创新战略联盟起源于战略联盟，最早可追溯至 20 世纪 20 年代英国的研究联合体，后来迅速传播到法国、德国等欧洲发达国家。20世纪 70 年代末，欧洲、美国、日本组建的战略联盟数以平均每年超过30%的速度递增。我国基于现实国情和发展需要，于 21 世纪初开始探索组建产业技术创新战略联盟。随着战略联盟的快速发展，联盟不稳定性问题也日益凸显并引起了国内外学者的关注。

一、产业技术创新战略联盟稳定性的定义内涵

（一）产业技术创新战略联盟的定义内涵

产业技术创新战略联盟是一种特殊的战略联盟。战略联盟的概念最早由美国管理学家 Nigel 和 DEC 公司总裁 Hepland 于 20 世纪 80 年代提出。随后业界对战略联盟进行了相应的界定，认为战略联盟是两个或两个以上

伙伴企业依据协议开展的以信任和承诺为特征，以实现资源共享、优势互补为目标的互惠合作活动，其虽然超越了正常市场交易，但没有合并（Teece，1992）。学者们较为一致的观点是，虽然战略联盟与并购重组都是通过获取外部资源以弥补自身发展不足，但是战略联盟与并购重组因是否发生股权转移而有本质的区别。

20世纪90年代以前，学者们主要关注以传统企业为主体构成的战略联盟，90年代以后，学者们对战略联盟的关注开始拓展到企业以外的不同主体，关于其定义的研究，倾向于把战略联盟看成具有相同或类似产业背景的企业、科研机构、中介服务组织等基于某一产业的技术研发、技术产业化、市场拓展等共同目标，通过适当的组织形式和运作制度联合起来的具有战略意义的产业组织形式。李雪和李菁华（2008）认为，产业技术创新战略联盟是由企业与高校、科研机构缔结而成，具有更明确主体的一种新型技术联盟形式。邸晓燕和张赤东（2011）认为，产业技术创新联盟是联盟成员为了实现共同目标，将各自的优势资源结合到一起，以推动产业技术创新为核心目标，而形成的优势互补、风险共担、利益共享的合作关系。李国武和李玲玲（2012）认为，产业技术创新联盟是政府引导相关企业、高校及科研院所而形成的创新组织，并通过法律约束或契约维持合作稳定性，其目的主要是提高创新能力和满足企业与高校的内在发展需求。本书采用2008年科技部、财政部等六部门联合发布的《关于推动产业技术创新战略联盟构建的指导意见》提出的产业技术创新战略联盟权威定义：产业技术创新战略联盟是企业、大学、科研机构或其他组织机构，以企业的发展需求和各方的共同利益为基础，以提升产业技术创新能力为目标，以具有法律约束力的契约为保障，形成的联合开发、优势互补、利益共享、风险共担的技术创新合作组织。

产业技术创新战略联盟作为一种全新的产学研联盟合作模式是一种跨

组织合作，其动机是形成知识共享。李学勇（2007）认为，产业技术创新联盟是一种有明确专业技术方向和创新目标，依据契约或股权关系而建立的共同投入、联合开发、利益共享、风险共担的利益共同体。李新男（2007）认为，产业技术创新联盟的成员契约关系受法律约束，主体间合作有明确目标和任务，旨在解决整个产业技术创新问题。蒋芬（2009）从组建目的、合作目标、约束形式和运行机制四个方面概括了产业技术创新战略联盟的内涵和特点。胡争光和南剑飞（2011）认为，产业技术创新战略联盟因具有企业化目标、产业化约束、法律化合作等特征而区别于以往的产学研合作模式，企业在整个过程中既是创新资源投入的主体，也是推动研发成果应用的主体。

本书在已有研究成果的基础上，从五个方面总结产业技术创新战略联盟的内涵：一是研发项目和成果必须符合国家战略目标和区域产业发展需求；二是通过签订协议或契约对联盟单位合作行为进行约束和制约，为联盟运行提供法律保障；三是根据企业技术创新需要确定研发方向，进行共同投入，实现资源互补、利益共享、风险共担；四是由企业、高校、科研机构及政府或其他相关组织缔结形成，是一种战略性、制度化的利益共同体；五是主要任务是实现技术联合攻关，形成公共技术平台，推进科技成果转化，推动科学技术创新。产业技术创新战略联盟既有一般战略联盟和产学研合作的共性特征，也具有独立的特点，如表 2-1 所示。

表 2-1　产业技术创新战略联盟与一般联盟和产学研合作的区别与联系

类型	主体	目标	组织形式	合作关系
产业技术创新战略联盟	企业、高校、科研院所、政府等	突破产业共性关键技术问题	法律和契约约束	长期合作
一般战略联盟	两个及以上企业	实现企业个体目标	股权式、契约式等	短中期合作

类型	主体	目标	组织形式	合作关系
产学研合作	企业、高校、科研院所等	实现合作研发目标	临时性组织	短期合作

总结：产业技术创新战略联盟是一般战略联盟在产学研合作领域的具体形式

资料来源：笔者根据文献整理。

（二）产业技术创新战略联盟稳定性的内涵界定

关于产业技术创新战略联盟稳定性的研究源于学者们对战略联盟稳定性的关注，最初是从战略联盟不稳定性分析开始的。以 Kougt（1988）为代表的学者将战略联盟不稳定性视为联盟的解体或清算，即以结果为导向来衡量战略联盟是否具有稳定性，认为战略联盟不稳定的表现就是战略联盟的终结或者联盟成员之间的所有权发生改变。这一界定受到学者们的质疑。在此基础上，Inkpen 和 Beamish（1997）指出，战略联盟不稳定是一种过程变动，表现为非计划内的联盟目标、联盟契约、联盟控制方式及联盟伙伴关系发生重大变化。也就是说，发生在计划之外的，没有经过深思熟虑的意外变动或中止才可以理解为联盟的不稳定。也有研究者强调，如果联盟在有效的生命周期内实现了既定目标，就是有计划的自然终止，不能简单认为这就是联盟失败。Yan 和 Zeng（1999）指出，先前关于战略联盟稳定性的研究存在一定的局限性，战略联盟不稳定是一种状态，在此状态下，联盟参与方会调整战略方向或管理机制，从而影响联盟绩效。

在战略联盟不稳定性分析的基础上，学者们形成了对战略联盟稳定性的不同认识和看法，开始从结果导向向过程导向转化，认为战略联盟在一定时期尽管会处于运动、变化和矛盾中，但是如果其基本形式不变，那么联盟就具有稳定性。如果联盟合作伙伴可以有效地解决冲突，没有退出可能且愿意维持稳定的合作关系，那么可以认为联盟是稳定的。也有学者认为战略联盟的稳定性是联盟成员任何一方不愿意退出现有联盟、打破现有合作关系或者偏离现有平衡状态，在这种状态下联盟各方不断实现其既定目标，获取良好经济效益（Kumar 和 Nti，1998；梅花，2006；夏谦谦和桂萍，2007）。在此基础上，蔡继荣（2012）基于动态视角指出，联盟的稳定性建立在联盟成员共同认知的基础之上，是在联盟合作契约约束下，维持正常波动关系的一种动态的、相对稳定的均衡状态。江旭和高山行（2009）认为，联盟稳定性是建立在和谐的伙伴关系基础之上、以过程为基础的联盟成功运作与发展程度。不少学者将联盟稳定性界定为联盟运行过程中，不发生非计划性变动，能够实现既定目标，维持正常波动的一种合作状态（徐小三和赵顺龙，2010；冯绍金，2011；邓亚鹏，2012）。也有学者认为联盟稳定性是联盟成员为实现共同目标而保持良好关系，并能随联盟发展和环境变化而保持动态均衡（郝红军和蒋绪亮，2014；曾德明、王燕平、文金艳和禹献云，2015；王则灵和尤建新，2015）。在此基础上，本书认为，产业技术创新战略联盟稳定性就是联盟系统内部在遭受外界扰动而偏离原来的平衡状态，同时在扰动消失后联盟系统自身恢复原来平衡状态的一种可能性，反映了联盟成员合作关系质量。

二、产业技术创新战略联盟稳定性的影响因素

围绕着战略联盟不稳定与稳定的界定和分析，学者们基于不同的研究视角和理论基础，展开了对战略联盟稳定性影响因素的研究，形成了相关研究成果。

梳理文献可以发现，国外学者大多集中于从成员选择、伙伴关系、

资源投入、冲突管理、系统结构、学习能力、文化差异、机会主义风险等方面对战略联盟稳定性进行研究。研究表明，通过拉近与协作伙伴的心理距离，增进彼此的信任度和依赖度，提高联盟成员学习能力，优化内部刚性结构和惩罚制度，降低机会主义风险，营造良好的企业文化等途径，可以有效减少伙伴冲突，提升联盟绩效，维护联盟的稳定性，而成本收益、经营效益、效果评价、投入回报等在联盟稳定性中也具有重要影响作用。

Yan 和 Zeng（1999）认为，联盟母子公司因为战略方向、联盟协议或组织结构重组导致关系发生变化，会对联盟绩效造成一定影响，从而影响联盟稳定。Gulati 和 Gargiulo（1999）认为，联盟成员之间存在的知识差异会引起冲突和不协调，如果联盟管理者不能妥善处理，那么会导致战略联盟破裂。Das 和 Teng（2000）指出，联盟伙伴竞争与合作、伙伴关系的刚性与柔性、合作导向的长期与短期三对张力对联盟稳定性起关键影响作用。Pastor 和 Sandonis（2002）指出，伙伴冲突、企业文化、机会主义等因素事关联盟的稳定。Gill 和 Buller（2003）研究指出，信任、冲突和依赖程度是联盟稳定性的关键因素。Ernst 和 Bamford（2005）基于联盟结构研究指出，结构刚性会导致战略联盟不稳定。Ngowi（2007）在实证研究的基础上指出，信任、联盟规模等对联盟稳定性有重要影响。Aharoni（2010）从文化差异视角对联盟稳定性进行了研究。Das 和 Rahman（2010）研究了合作伙伴特征、伙伴识别与选择对联盟稳定性的影响。Niedergassel 和 Leker（2011）基于合作渠道多样化因素研究联盟稳定性问题。还有学者认为，在联盟的不同发展阶段，稳定性影响因素是不同的，相关研究如表 2-2 所示。

表 2-2　关于战略联盟稳定性影响因素的相关研究

发展阶段	影响因素		作用机理	主要研究者
伙伴选择	资源互补性		与战略联盟稳定性正相关	Lane 和 Lubatkin，1998； Murray 和 Kotabe，2005；
	声誉		与战略联盟稳定性正相关	Das 和 Teng，2001
	合作经历		与战略联盟稳定性正相关，但认为不利于稳定性	Gulati，1995；Doz，1996； Reuer 等，2002
结构化和谈判	联盟治理形式		股权式联盟与联盟稳定性正相关	Parkhe，1993；Das 和 Teng，2001； Hennart，2006
	联盟范围		与战略联盟稳定性负相关	Gulati，1995； Reuer 等，2002
	专业化分工		与战略联盟稳定性正相关	Reuer 等，2002
联盟运行	联盟风险		不利于联盟稳定性	Das 和 Teng，2001
	关系管理	交流	有利于减少关系风险，为维持联盟关系提供激励	Zaheer 和 Venkatraman，1995
		依赖性		Parkhe，1993；Kumar 等，1995； Dyer，1997；
		相互信任		Gulati，1995； Das 和 Teng，2001；
		冲突解决		Ring 和 Van de Ven，1994； Doz，1996；
	控制机制	社会控制	有利于联盟稳定性	Larson，1992；Das 和 Teng，2001
		结果控制	对联盟稳定性有损害	Ouchi 和 Mary，1975； Ouchi，1979
		过程控制	适当使用有益于稳定性，但频繁使用不利于稳定性	

发展阶段	影响因素	作用机理	主要研究者
绩效评估		良好持续的绩效有利于稳定性；对绩效的不同衡量尺度导致感知不公平从而降低稳定性	Hamel，1991；Inkpen 和 Beamish，1997；Yan，1998；Arino de la Torre，1998；Kumar 和 Nti，1998；Gill 和 Bulter，2003；White，2005；Mohr，2006

资料来源：笔者根据蔡继荣（2016）研究文献整理。

国内众多学者同样从不同的视角对战略联盟稳定性影响因素进行了归类和划分，如内生因素与外生因素（梅花，2006；刘云和梁栋国，2007）、机制性因素与非机制性因素（胡珑瑛和张自立，2007；邢乐斌，2008；杨震宁、李东红和曾丽华，2016）、灵活性因素与刚性因素（陈菲琼和闻丽丽，2008）、先天因素与后天因素（马斌和张国艳，2011）等。也有学者聚焦于某一要素进行研究，如基于信任、承诺的关系资本对联盟稳定性的重要影响（曾小舟，2008；Hemmert、Bstieler 和 Okamuro，2014；徐小芳，2015）；或者基于知识视角对技术创新联盟稳定性进行研究（蒋樟生，2009；陈宝明，2013）。还有学者从伙伴选择入手，分析了伙伴选择对联盟稳定性的影响（陈剑涛，2004；苏晓华和季晓敏，2008；邓亚鹏，2012；郝红军和蒋绪亮，2014）。

此外，祝爱民、于丽娟和张青山（2004）从联盟治理机制入手，分析了战略协同和文化融合对联盟成败的影响。黄深泽（2005）从心理预期入手，分析了不对称信息条件下，联盟双方对客观自然状态的心理预期对联盟稳定性的影响。苏晓华和季晓敏（2008）从联盟类型、战略适应性等因素入手，对战略联盟稳定性进行了研究。袁淑兰、吕依娜、杨帆和敬静（2008）分析了不同利益主体目标差异性对产学研合作的影响。杨光（2009）、徐礼伯（2010）、陈凯和佘广文（2012）分析了社会资本对技术联盟稳定性的影响机制及其保障。陈佳（2011）综合分析了组织能力、关系类型、利益分配等不同因素对联盟稳定性的影响。蔡继荣（2012）以我国轿车工业竞争性战略联盟为样本，实证研究了联盟伙伴特征、可置信承诺等不同因素对战略联盟稳定性的影响。

赵炎和刘忠师（2012）探讨了不同联盟类型及其地位对联盟合作创新的影响。蒋伏心、胡潇和白俊红（2014）从联盟成员个体和整体两个层面分析了成员需求、资源差异、资源投入、外部环境与利益分配等内外部因素对联盟形成路径与稳定运行的影响。祁红军和蒋绪亮（2014）基于装备制造业 R&D 联盟，分析指出合作动机、成员信任、知识共享等因素会对稳定性产生影响。梁招娣（2015）从成员目标、资源能力、相互信任、信息共享、利益分配、监督机制、以往经验等方面综合分析了其对校企合作联盟稳定性的影响。曹霞、于娟和张路蓬（2015）研究了联盟规模、知识转移效率、利益分配对联盟稳定性的影响。杨震宁、赵红和刘昕颖（2018）对技术战略联盟驱动力、合作优化与技术战略联盟稳定性进行了研究，通过实证分析证明了联盟驱动力、合作优化对技术联盟稳定性的影响以及联盟合作优化在联盟驱动力与联盟稳定关系中的调节效应。

此外，学者们还对战略联盟稳定性的结果变量也做了研究，联盟稳定性影响联盟绩效为学者们普遍接受的观点，认为战略联盟稳定性是提升联盟绩效的前提和条件，联盟越趋于稳定，共享价值成本越低，联盟绩效水平越高（Dussauge 和 Garrette，1995；Krogh，Nonaka 和 Aben，2001；李瑞光，2015）。

三、产业技术创新战略联盟稳定性的定量研究

除联盟稳定性影响因素研究外，学者们还集中于从博弈分析及共生

模式应用对联盟稳定性展开定量方面的研究。关于博弈论在联盟稳定性的应用，Parkhe（1993）认为，联盟成员之间的合作行为类似于囚徒困境，联盟双方的合作实际上就是一个博弈的过程，为了获取更大的利益，联盟成员往往会欺骗对方。在博弈的过程中，当联盟成员的个人理性与集体理性出现不一致时，会引起联盟不稳定。单汩源和彭忆（2000）通过合作博弈模型分析了盈利结构对战略联盟稳定性的影响。李瑞琴（2005）基于博弈论视角分析指出，前期投入、背叛成本、利益分配是影响联盟稳定性的重要因素。Zhao（2010）运用博弈论分析了联盟的合作关系，并对联盟稳定性进行了实证分析。蒋樟生和郝云宏（2012）基于贝叶斯博弈模型对联盟稳定性进行研究，指出联盟成员数量、成员投资预期、外部环境不确定性等因素都会对联盟稳定性产生影响，其中，联盟成员数量对联盟稳定性产生正向影响，即联盟成员越多，联盟越稳定；而联盟成员的投资预期、外部环境的不确定性则对联盟稳定性产生负向影响。宋波和黄静（2013）利用鹰鸽博弈模型研究战略联盟稳定性指出，在非对称性合作视角下，联盟成员冲突的单位成本收益会影响联盟稳定性。张忠德和陈婷（2014）基于不同类型的博弈分析指出，相互之间信任、合作成功率高、利益分配合理有助于维持稳定的联盟合作关系。郝红军和蒋绪亮（2014）从博弈论角度入手，研究了联盟效率、利益分配公平性对联盟稳定性的重要影响。曾德明、王燕平、文金艳和禹献云（2015）基于博弈论分析了研发溢出、研发成本分担对高技术企业联盟稳定性的显著影响。青雪梅（2016）基于生态系统视角，就战略联盟的构建及其稳定性问题进行了研究。

关于共生模式在联盟稳定性的应用，陈菲琼和范良聪（2007）依据Das和Teng（2000）的联盟内在张力框架，运用共生理论，分析了联盟的不稳定性将随着联盟内合作与竞争力量之间差异程度的扩大而上升。冯鲁闵（2012）基于共生视角，利用 Logistic 模型分析了寄生模式、偏利共生模式、非对称互惠模式等不同模式下的产业技术创新联盟稳定性。刘林舟、武博和孙文霞（2012）构建了战略联盟的共生系统 Lotka-Volterra 模型，运用分析轨线走向的方法指出，联盟成员互惠共生时可以促进联盟稳定发展。谭建伟和梁淑静（2014）认为，战略联盟作为共生生态系统，尽管存在主体目标的差异性，但也可以在一定条件的影响下平衡利益关系，并促进产业技术创新战略联盟稳定。原毅军、田宇和孙佳（2013）利用系统动力学方法对技术联盟稳定性问题进行了研究。宋纪宁和于成学（2014）从共生理论入手，实证分析了共生单元、共生环境等 17 个因素对战略联盟稳定性的影响。

第二节　关系资本与联盟稳定性研究

从产业技术创新战略联盟稳定性的文献梳理中可以发现，产业技术创新战略联盟稳定性研究源于战略联盟稳定性的研究。在战略联盟稳定性影响因素的研究中，学者们基于企业联盟、母子公司、供应链合作等领域研究了信任、承诺、沟通、互动等伙伴关系要素对联盟稳定性及联盟合作成效的影响，普遍认可信任、承诺等关系要素是影响联盟稳定性的重要因素，在维持联盟稳定性合作关系中发挥着重要作用。基于此，本章从关系资本入手，对关系资本与联盟稳定性相关研究作进一步梳理和回顾，为本书研究奠定理论基础。

关系资本这一概念由美国经济学家布鲁斯·摩根于 20 世纪 80 年代最早提出。其对关系的主要认知是"关系"就是一种资源、一种资产，只要"关系"在经济中存在价值，关系就有价。大量学者在此基础上从不同视角对关系资本的概念、内涵以及关系资本在联盟中的作用等展开研究。

一、关系资本的概念内涵

理论界根据研究需要对关系资本的概念和内涵进行了不同的界定和解释，虽然没有完全形成权威性的统一定义，但大多数学者研究关系资本时，普遍接受的观点是：关系资本源于社会资本，是社会资本的重要维度，研究关系资本离不开社会资本（薛卫和雷家骕，2010）。社会资本的核心问题可描述为"你认识谁"（whom you know）与"你如何联系"（how you are connected）。Nahapiet 和 Ghoshal（1998）认为，社会资本是存在于个人或组织关系中的各类资源总和，包含结构（Structural）、关系（Relational）和认知（Congnitive）三个维度，其中"关系维"是人们在关系网中建立起来的与其他企业的关系以及靠此种关系获取的各类资源，即关系型社会资本，其强调的是通过个体间持续交流与合作建立组织间信任感，为促进合作行为奠定基础。在此基础上，学者们开始关注社会资本的关系维度，或称"关系资本"。

关系资本的内涵界定主要有狭义和广义之分。有学者从狭义角度出发，将关系资本理解为行为主体之间的信任和承诺关系（Cullen、Johnson 和 Sakano，2000）。也有学者从广义角度认为除信任和承诺外，关系资本还可延伸至沟通、透明度、共同行动、冲突管理、联结强度等相关行为（De Clercq 和 Sapienza，2006；薛卫和雷家骕，2010；Sambasivan、Siew-Phaik、Mohamed 和 Leong，2011；韩兰华，2017）。学者们基于个人和组织层面形成了对关系资本的不同看法，综合起来可以分为以下三种观点：

（1）将关系资本视为一种特殊资源。较一致的观点是关系资本是企业与包括合作伙伴、竞争对手、顾客、职员、相关机构等在内的所有关系对象间的关系资源。这一资源是在企业与其他组织间形成的，包括企业与供应商、顾客等外部环境的联系，可以被企业所利用并且为其创造价值。常荔、李顺才和邹珊刚（2002）认为，关系资本是一种排他性关系资源，这种资源在个人关系基础上形成，体现了盟友之间相互尊重、相互信任的关系。宝贡敏和余红剑（2005）认为，关系资本不同于其他一般性资源，它是难以进行模仿并可以为合作组织创造持续竞争优势的联盟组织专有资源。Wu 和 Cavusgil（2006）从组织层面出发，认为关系资本是组织的一种独特性关系资源，是组织之间基于相互信任、承诺和专用性投资而建立的。Villena、Revilla 和 Choi（2011）则认为，关系资本是参与主体之间通过长期互动所形成的信任、义务、尊重与友谊。

（2）将关系资本看作一种能力或交换。主要观点是关系资本是在有目的的行动中可以获得或动用的一种能力，拥有此种关系资本的企业可以经由关系结构而取得利益，所以关系资本是企业能力的体现。企业可以通过这种能力支配或使用合作组织的资产资源，形成合作组织间资源共享、互惠互利、合作共赢的局面。De Clercq 和 Sapienza（2006）基于交换视角理解关系资本，认为关系资本就是涉及相互信任、社会交往、共同准则或目标等因素的一定程度上的交换。韩兰华（2017）在战略联盟关系资本对知识转移绩效的影响研究中，将关系资本界定为一种有助于提高个人、团队和组织所能实现目标的能力。

（3）将关系资本理解为一种资本形态。彭星闾和龙怒（2004）认为，关系资本是一种投资型资本，是企业为了实现目标而创建组织关系，并且为了维护这种关系而不断投资维护形成的。田金花和唐未兵（2006）认为，关系资本是一种无形资本，这种无形资本是企业在与其内外部环境互

动中形成的，并且对于企业及其关系方而言具有价值和利益。付向梅
（2015）在研究产学研联盟社会资本对创新绩效的影响时，认为产学研联
盟关系资本是一种社会资本，这种社会资本是基于联盟成员之间的相互信
任和互惠关系，依靠联盟契约或非契约的道德规范来约束和规范联盟成员
主体合作行为的一种资本形态。本章对学者们关于关系资本的部分概念和
内涵界定进行了梳理和归纳，如表2-3所示。

表2-3　关系资本的概念界定

概念	主要研究者
企业与处于同一价值网络的利益相关者间互动带来的增殖价值	Bontis，1998
企业互动而产生的关系，如尊重、友谊、信任、承诺、义务等	Nahapiet 和 Ghoshal，1998
伙伴之间彼此尊重与彼此信任的关系	Dyer 和 Singh，1998
联盟合作伙伴之间紧密互动下，彼此信任、尊重及产生伙伴间友谊的程度	Kale 等，2000
参与主体之间通过长期互动所形成的信任、义务、尊重与友谊	Inkpen 和 Tsang，2005
供应链伙伴之间建立的互相信任、互相尊重的密切互动关系	Cousins 等，2006
一定程度上的交换，这种交换涉及社会交往、信任及共同目标和准则	De Clercq 和 Sapienza，2006
涉及信任、社会交往、共同准则或目标等因素的交换	De Clercq 和 Sapienza，2006
建立在组织层面的相互信任、承诺和专用性投资等独特关系资源	Wu 和 Cavusgil，2006
联盟之间个体层次上的互相尊重、彼此信任和友谊	陈菲琼，2003
企业与利益相关者为实现目标而创建，并不断投资维护而形成的资本	彭星闾和龙怒，2004
建立在个人之间和组织之间的互相友好、承诺、互相信任以及专用性投资等伙伴企业所专有的独特关系资源	宝贡敏和王庆喜，2004
建立在个人层次上的彼此尊重、互相信任、友好等独特关系资源	林莉和周鹏飞，2004
通过有效合作而形成的彼此尊重、互相信任、共同行动关系	薛卫等，2010

续表

概念	主要研究者
关系资本是组织间的资源要素	刘衡，2010
包括合作企业、客户及企业所处的价值链上下游供应商、股东个体、政治环境等利益相关者	陆杉，2012
能为企业带来价值且体现组织间资源共享程度的一种关系资源	包凤耐，2015
联盟内部企业和学研机构间相互信任、互惠，并按契约或道德规范来约束合作行为的一种社会资本	付向梅，2015
基于合作而形成的相互尊重、相互信任的紧密合作关系	菲兰华，2017

资料来源：笔者根据文献整理。

从表2-3中可以看到，尽管学者们基于个人和组织层面对关系资本内涵进行了不同侧重点的讨论，但总体认为关系资本表现为个人或组织之间的一种良好关系，体现的是能为企业带来价值的资源程度。其具有难以模仿性，能够为伙伴成员带来持续竞争优势。

二、关系资本的维度构成

关系资本源于社会资本，是社会资本的重要维度。具体来讲，学者们关于社会资本的维度研究主要围绕以下三个层面展开：一是从企业内部考察社会资本构成。边燕杰和丘海雄（2000）将社会资本分为纵向、横向和社会关系三类。Shipilov 和 Danis（2006）将社会资本划分为对外沟通社会资本和对内团结社会资本。孙俊华和陈传明（2009）则从纵向关系、横向关系和声誉三个方面研究社会资本。二是从企业内部和外部视角研究社会资本构成。张方华（2004）将社会资本分为内部和外部两类。三是从社会资本自身特征进行研究。Nahapiet 和 Ghoshal（1998）将社会资本划分为结构维度、关系维度和认知维度，此观点为广大学者所接受，众多学者对关系资本的研究均围绕此观点而展开。

对于关系资本的维度划分，学者们从个体和组织层面进行了不同视角的研究，虽然未形成统一的测量标准，但总体来看，学者们普遍认可以下两种观点：

（1）二维度理论。即认为信任和承诺是关系资本的两个核心要素。Cullen、Johnson 和 Sakano（2000）在研究日本联盟企业合作关系时强调，如果联盟各方参与人之间缺乏信任或承诺，即使合作前景看起来非常美好，也容易导致合作失败，所以信任和承诺是构成关系资本的重要因素。唐丽艳和周建林（2014）以信任和承诺来衡量关系资本，研究其对创新孵化绩效的影响。大多数学者认为，不管是个人层面还是组织层面，信任和承诺都是关系资本不可忽视的重要因素之一，起关键性作用（Zaheer 等，1998；Inkpen 等，2005）。大多数学者认为，承诺有感性和理性之分，感性承诺也称为态度承诺，表明合作方高度认可与另一方的合作关系，愿意努力培养和维持这种关系。理性承诺即可计量承诺，表明合作一方在合作过程中获得的收益大于成本时，将会维持或推动这种关系。Wu 和 Cavusgil（2006）认为，承诺是合作双方相互依赖的一种关系表现，是合作双方希望持续并发展合作关系的一种行动表现。

（2）多维度理论。即认为关系资本的构成除信任和承诺这两个基本要素外还包括其他要素，如友好（董俊武和陈震红，2003）、尊重（林莉和周鹏飞，2004）、友谊（陈菲琼，2003；Villena 等，2011）、专用性投资（Wu 和 Cavusgil，2006）、透明度（薛卫等，2010）、有效冲突管理（曾德明、贾曙光和禹献云，2011）等。学者们认为，冲突管理、尊重、友谊、义务、认同等因素是关系资本的构成要素，这些要素可以使联盟伙伴通过磨合协调实现经济互利。Cullen 等（2000）、De Clercq 和 Sapienza（2006）、Sambasivan 等（2011）指出，关系资本除了信任和承诺之外，还应该包括沟通行动。Carmeli 和 Azeroual（2009）、薛卫等（2011）认为，关系资本的核心内容包括信任、透明度和共同行动等。万艳春和陈春花（2012）认为，关系资本包括信任、承诺和信息共享。宋喜凤、杜荣和艾时钟（2013）将关系资本划分为信任、有效沟通、承诺、相互依赖及和谐冲突管理。包凤耐（2015）认为，关系资本包括信任、承诺、专用性投资、冲突管理、沟通、共同行动。付向梅（2015）研究产学研联盟社会资本对创新绩效的影响时用信任、互惠和规范来衡量产学研联盟关系资本。韩兰华（2017）认为，信任、承诺和联结强度是联盟关系资本的主要维度，并在此基础上对关系资本影响知识转移绩效的作用机理进行了研究。

此外，边燕杰和丘海雄（2000）提出，关系资本主要包括与客户、员工、供应商、股东、政府等所有利益相关者之间有利于价值提升的互动关系，其按照社会资本的划分思路将关系资本划分为内部关系资本和外部关系资本。其中，内部关系资本包含企业与其内部各组成部门以及各部门之间两方面；外部关系资本则分为纵向关系资本、横向关系资本和社会关系资本三个方面。

总之，学者们关于关系资本的构成维度主要基于个体和组织层面在信任和承诺两个要素的基础上进行拓展，或者从组织内部和外部两个维度进行研究，形成了不同的研究成果。

三、关系资本与联盟稳定性

社会资本理论指出，关系性因素对合作具有重要影响。对于关系资本在合作组织中的影响作用，学者们主要关注关系资本的正负效应。有学者在供应链管理研究中，关注高度嵌入性关系的潜在负面效应，提出应建立最优水平的关系资本（Yang，2008；Lechner 等，2010）。但总体来看，学者们普遍认为联盟内部成员之间可能发生机会主义行为，阻碍联盟的开放性和透明度，而联盟成员之间良好的关系资本能降低联盟成员对彼此机会主义行为的担心，提升彼此之间的信任和依赖程度，从而加强联盟各方的相互沟通，降低联盟管理成本，提高合作成效，促进合作关系稳定发展。关系资本在防范机会主义、提高合作绩效、维持合作稳定等方面发挥积极作用。Gulati（1998）指出，联盟组织间的信任关系对联盟绩效的提升有显著影响。Gulati 和 Gargiulo（1999）基于组织视角研究指出，关系资本可以为合作伙伴提供相互了解的渠道，推进有效合作。Kale 等（2000）发现，联盟合作各方之间的关系资本越大，联盟参与各方更愿意进行技术共享，从而提高企业联盟绩效，联盟企业的合作关系也越稳定。

宝贡敏和王庆喜（2004）研究指出，关系资本可以促进战略联盟的潜在价值向现实价值转化，实现合作成效。潘文安和张红（2006）研究认为，供应链伙伴之间的信任对于提升企业之间的合作绩效有显著影响。Yang 等（2008）研究发现，信任和承诺有助于发展稳定的供应商关系。Schreiner 等（2009）指出，联盟成员之间能否顺利有效地进行沟通对于维持联盟稳定有重要影响；联盟成员之间进行沟通交流和接触有助于联盟稳定；联盟成员的接触和交流频率越高，持续时间越长，联盟稳定性越强。Mellat-Parast 和 Digman（2008）、薛卫等（2010）研究认为，联盟伙伴成员之间形成的良好信任关系有助于促进联盟学习并提升联盟绩效，信任是战略联盟合作成功的关键。曾文杰和马士华（2010）基于供应链合作展开研究，结果表明良好的供应链合作关系有助于促进彼此协同并提升运作绩效。简兆权、刘荣和招丽珠（2010）研究表明，良好的信任和网络关系对知识分享和创新绩效均有显著影响；联盟成员之间的关系资本越强，其合作运营绩效越高。江旭（2012）研究表明，信任对机会主义有显著影响，联盟成员之间的相互信任可以减少机会主义行为，维持联盟的长期稳定与知识创新。联盟成员之间信任度越低，机会主义越容易发生，越不利于联盟的稳定。

傅慧和朱雨薇（2012）基于关系资本视角研究了联盟能力与联盟合作成效关系。Sambasivan 等（2013）认为，关系资本对战略联盟结果产生积极影响。周清（2013）指出，在联盟合作中，战略目标不一致容易导致合作冲突，因此能否共同制定有效统一的战略规划有助于联盟的稳定。方静等（2013）认为，信任对于联盟稳定非常重要，是联盟稳定的基础和成功的标志。Fadol 和 Sandhu（2013）研究指出联盟成员之间的信任对联盟四个运行阶段都会造成影响。Nguyen 和 Srinivasan（2014）研究表明，联盟成员信任正向影响联盟稳定，进而影响联盟绩效。Hill 等（2015）研究了信任对资源协同的影响，认为信任度越低，资源协同效应越难发挥，越不利于合作稳定。张涵、康飞和陶春（2017）基于科技创业孵化领域，指出成员关系强度影响知识共享和联盟绩效。吴松强、曹刘和王路（2017）基于科技型小微企业实证检验了伙伴关系对联盟合作稳定及其成效的积极影响。杨震宁和白春叶（2018）在跨国技术战略联盟信任、冲突与联盟稳定性关系中肯定了信任对联盟稳定性的影响。王雪、张培文和孙宏（2018）认为，联盟成员之间的利益分配对供应链联盟合作的达成与稳定运行具有重要影响，是否能制定合理公平的供应链联盟利益分配方案是联盟能否形成并产生合作效益的必要条件。

第三节　关系资本、知识共享与联盟稳定性研究

从文献梳理中可以发现，学者们对关系资本、联盟稳定性及其关系研

究中，认为良好的关系资源会影响组织或个人的知识共享意愿及效果，能够共享知识也是联盟稳定的重要影响因素，知识共享在联盟合作及绩效提升方面发挥着重要作用。基于此，本书在关系资本与联盟稳定性相关研究的基础上，对知识共享及其与关系资本、联盟稳定性关系研究作进一步梳理，以期为本书研究切入点挖掘相关的理论依据。

在研究知识共享之前，必须清楚什么是知识。由于知识本身具有复杂性和开放性，学者们基于不同视角形成了对知识的不同定义。野中郁次郎与竹内广隆（Nonaka 和 Takeuchi，1995）提出，知识是个体将信念证明为真实的动态过程。达文波特与普赛克（Davenport 和 Prusak，1998）认为，知识是经验、价值观、情境性信息和专业洞察力的流动性混合体，是一种像流体一样的物质，其中融合了已经结构化的隐性经验、特有价值、有特殊含义的信息以及专家敏锐的洞察力。与传统的物质资源相比，知识具有智力性、传播性、共享性等特征。它为评价和合并新经验和信息提供了框架。莱昂纳多与森西普（Leonard 和 Sensiper，1998）认为，知识为相关的、可采取行动的、至少部分的以经验为基础的信息。

关于知识的分类，学者们也有不同看法。经济合作与发展组织把知识分为四大类：一是事实知识，即知道是什么的知识；二是原理知识，即知道为什么的知识；三是技能知识，即知道怎样做的知识；四是人力知识，即知道是谁来做的知识。此外，学者们也从知识的复杂性入手，对知识进行结构或性质划分。Nonaka（1998）把知识分为个体知识、组织知识和组织间知识。之后又根据知识显示方式将知识分为显性知识和隐性知识。其中，显性知识是以文字、图像、数学公式、说明书和手册等为载体，能够用正式系统语言进行表述，并可以通过常规方法处理、传递、储存和共享的知识，具有可表达、可编码、可累积、有物质载体等特点。隐性知识是基于经验和感悟得来的难以表达或进行编码的知识，只能在特定条件下、特定区域内通过特定活动进行传播。除此之外，学者们还基于不同的视角和应用过程将知识分为流程知识、事实知识、文化知识或物化知识和非物化知识等。

一、知识共享的定义和分类

（一）知识共享的定义

对于知识共享的界定，研究者基于不同的标准和角度形成不同的定义。有的学者按照知识共享的行为和效果来对知识共享进行定义，其中效果观主要关注知识共享产生的作用和效果，代表人物如 Senge（1998）、Hendriks（1999）等；过程观则更加关注知识共享的过程，如 Nonaka 和 Takeuchi（1995）、Davenport 和 Prusak（1998）等。也有的学者基于不同的研究视角对知识共享进行不同的定义阐释，具体体现在以下四个方面：

（1）基于沟通视角进行诠释，即将知识共享定义为一种沟通过程，其代表人物是 Hendriks。Hendriks（1999）指出，知识共享过程就是沟通的过程，不同于一般的商品流通。知识共享主体包括知识拥有者和知识重建者。当共享知识时，由于知识的可复制性和个体经历的差异性，必然会有一个知识重构的行为，这依赖于参与双方积极沟通，并具备共享知识的能力。Hendriks（1999）从外在化和内在化两个方面进一步分解知识共享过程。所谓外在化过程即知识提供方以演讲、建构档案或建立资料库等方式把可以重构的知识提供给知识接收方的过程；所谓内在化过程即知识接收方对知识提供方提供的知识进行重构、转化、吸收的过程。闫芬和陈国权（2002）指出，在沟通交流的基础上，组织成员把个体知识转化为组织知识的过程就是知识共享。安世虎、安中涛和贺国光（2005）认为，知识共享就是在交流的基础上，知识接收方利用各种途径把知识拥有方提供的知识进行加工、整理、创新和应用的内化过程，本质上就是沟通。

（2）基于学习视角的诠释，即将知识共享界定为学习和创造。代表学者是 Senge。Senge（1998）认为，知识共享不同于一般的信息共享，它不是简单地将一方知识传递给另外一方，而是个人、团队在相互学习的过程中，将个体知识转化为组织知识的过程，组织保障学习持续进行。这是知识共享与信息共享最大的区别。Eriksson 和 Dickson（2000）认为，共享意味着创新。知识共享包括知识认知与知识创新，由认知与行为两个维度构成。刘佑铭（2008）认为，知识共享就是对知识进行交换讨论并加以学习的过程。总之，知识共享即知识学习，在学习过程中有助于实现知识分享。

（3）基于互动视角的诠释，即知识共享就是知识转化和相互作用。代表人物有 Nonaka 和 Takeuchi（1995）。其从知识论入手，认为隐性知识和显性知识相互作用的过程即知识共享，包括知识的社会化、外在化、组合化及内在化四个不同的转换模式，知识在这四个模式中互动而实现创新，并且从个人扩散至团队、组织之间，形成知识螺旋。Ipe（2003）指出，知识共享是知识源在组织环境下，个体或组织的私有知识被别人理解、吸收和使用的过程。Connelly 和 Kelloway（2003）认为，知识共享是基于互助的关于知识传播的过程。张爽（2010）认为，知识共享就是知识提供方与需求方之间因为需求而产生的互动行为。总之，知识共享是通过行为者进行的知识互动过程，是个人将其拥有的知识传授他人并希望接收方能够同样传授反馈知识的行为。

（4）基于知识市场的诠释，即将知识共享理解为一种知识交易，以 Davenport 和 Prusak（1998）为代表。其认为，组织内的知识流动在很大程度上是在市场机制作用下进行的。知识共享是个"市场"的概念，类似于有形商品市场和服务市场。在企业内部存在着有讨价还价的"买方"

和"卖方"的"知识市场"以及联系双方的经纪商，其参与知识市场进行买卖交易，就是期望能够从中获得某种直接或间接的收益，即通过知识共享获取"市场价值"，这是双方进行知识共享的主要驱动。应力和钱省三（2001）从知识管理的内涵与实施出发，认为知识共享的基础是知识交易，在这个过程中交易成本、交易风险、知识的本地化特性影响知识交易。

（二）知识共享的分类

在知识共享概念的基础上，学者们形成了对知识共享分类的不同看法。有学者从知识类型出发，将知识共享划分为显性知识共享和隐性知识共享，也有学者从知识共享主体出发，将知识共享划分为个人层次的知识共享、团队层次的知识共享和组织层次的知识共享，其中组织层次的知识共享又分为组织内部知识共享和组织之间知识共享。组织内部知识共享发生在组织各要素之间，具体包括组织内部的规章制度、工作流程、业务信息等知识的共享；组织之间知识共享集中在母子公司之间及联盟组织之间（顾丽敏，2016）。

还有学者从其他角度进行划分。Gilbert 和 Cordey（1996）从过程入手，将知识共享划分为知识的获取、沟通、应用、接受以及同化五个阶段。张莉、齐中英和田也状（2005）认为，知识共享包括知识拥有者发送信息和知识接收者接收信息两个阶段。谭大鹏和霍国庆（2006）认为，知识共享包括知识准备、知识传递、知识转移与知识整合四个阶段，并构建了知识转移的一般过程模型。

综上可见，知识共享可以理解为知识的转移、传播、创新和升华，包括量变和质变两个阶段。关于知识的形态转化主要以 Nonaka 为代表提出的知识螺旋模型（SECI）为典型，其中 S 表示 Socialization（社会化）、

E 表示 Externalization（外部化）、C 表示 Combination（组合化）、I 表示 Internalization（内部化），SECI 知识螺旋模型描述了知识的产生、互动、传播和创造的整个流程与发展阶段。社会化是知识共享的第一个阶段，主要是个体隐性知识的积累与传递。外部化是知识共享的第二个阶段，主要是个体化隐性知识向群体显性知识的转变。组合化是知识共享的第三个阶段，主要是将部分群体显性知识收集整合为组织显性知识，是显性知识的系统化过程。内部化是知识共享的第四个阶段，主要是将组织显性知识转变为组织特有的隐性知识，本质上是知识吸收的过程。上述四个知识形态转换过程，是知识创造必不可少的重要环节，缺少其中任何一个阶段都难以实现有效的知识共享。知识共享就是一个再学习的过程，也就是对接收到的知识进行整合重构，从而促进综合能力显著提升。

二、知识共享的影响因素

知识是如何在个人或组织之间进行有效共享的，哪些因素会影响知识的有效共享，为什么一些企业能够实现有效的知识共享，而另外一些企业却无法做到。针对这些问题，国内外学者展开了对知识共享影响因素的相应研究。概括起来，学者们主要基于个体或组织层面从知识共享的主体因素、客体因素、情境因素等方面进行了相应的分析和研究。

（一）知识共享的主体影响因素

张爽（2010）从关系动机、利他动机、声望动机、情感动机对知识共享展开具体研究。郝文杰和鞠晓峰（2010）从意愿和能力出发，认为知识提供方的共享意愿和知识接收方的共享能力是知识共享的主体影响因素。李志宏和王海燕（2010）指出，共享意愿、共享能力、共享成本、共享风险和信任关系等多种因素都会对知识共享产生影响，如果知识接收方能以较低成本共享到比自己共享给对方更多的知识，那么会巩固知识共享成果。郑万松、孙晓琳和王刊良（2014）从知识共享的态度（包括形象、信任、乐于助人等）、主管规范和感知行为控制三个方面研究了其对知识共享效果的影响。段姗（2018）依据能力—网络—知识共享研究架构，验证了资源整合能力、联盟网络与知识共享作用模型并剖析了内在机理。研究表明企业资源整合能力对知识共享具有正向影响，联盟网络对知识共享具有正向影响，而组织文化的一致性程度直接影响企业知识共享成效。

（二）知识共享的客体影响因素

知识本身具有的特性是影响知识共享的主要障碍。知识具有因果模糊性，这一特殊性会阻碍合作者的知识转移和知识共享。姜文（2006）指出，与显性知识不同的是，隐性知识不能被准确地表达出来并进行知识共享，隐性知识具有"难言性"特征，难以进行知识编码和传递，只能借助隐语、体态等形式进行表达，对于知识接收方来说，要准确地领会和理解共享的知识还需要进行观察和学习。隐性知识的隐含性、分散性造成知识共享的障碍。姜文（2007）同时指出，企业员工所拥有的知识具有私有性，一旦与他人进行知识共享，就会使自己丧失优势，这也对员工之间的知识共享形成了一定的障碍。刘锟发和李菁楠（2010）指出，知识具有嵌入性、内隐性、复杂性特征，这三个特征对知识共享产生重要影响。在其他条件不变的情况下，知识本身具有的内隐性、复杂性等特性造成了知识共享的障碍，要实现知识的有效共享，需要在了解知识相关特征的基础上，有针对性地采取措施提升知识共享效率。

（三）知识共享的情境影响因素

不少学者认为，除上述主体、客体影响因素外，知识共享还会受到情境因素的影响，这些情境因素包括组织文化、组织结构、信息化水平、共享平台、激励机制、现代化通信工具等。知识的价值并不在于其能否被转移，而在于是否值得转移以及需要付出多大的转移代价。Cummings（2001）综合研究指出组织距离、物理距离、制度距离、知识距离和关系距离是影响知识共享的主要情境因素。朱庆（2005）的研究证实了激励机制、知识共享平台在知识共享中的重要性。学者们研究了组织文化在知识共享中的作用，研究表明组织文化等共享情境是造成知识共享障碍的一个很大原因，组织文化对个人学习、共享的动机、态度与能力有显著影响。伴随着日益激烈的企业竞争，企业不能依赖于传统的命令与控制，而必须重视知识共享文化，以顾客为导向努力营造一个不仅为成员知识共享行为提供激励，而且支持员工学习与实验的充满信任与开放的共享环境，建设有利于合作的组织环境。高建丽（2007）对比了不同企业文化对知识共享的影响，研究指出，坚持以人为本并且具有分享、合作的企业文化更容易激励和推动知识共享。叶娇和原毅军（2011）研究了跨国技术联盟中文化差异对知识转移绩效的积极影响。

学者们也综合研究多种因素对知识共享的影响。薛佳奇和刘益（2008）基于供应链视角研究了组织文化和关系策略对知识共享的影响。张睿和于勃（2009）研究指出，信息对称性、对知识转移的有效管理投入是影响联盟内部知识共享的主要因素，是联盟成功的基础。马坤（2012）基于企业知识生态系统的视角，研究了知识因素、个人因素和环境因素对知识共享的影响及其相互关系。张红兵（2013）指出，知识的关联性和差异性、知识转移和吸收能力、信任以及承诺影响联盟内部知识的有效共享。徐厚珍和余呈先（2014）从知识特性、知识共享主体以及知识共享情境出发对联盟内部知识共享影响因素进行了研究，并强调企业之间保持一定的知识差距有助于提高知识共享效果。王玉丽（2015）基于主客体因素对产业技术创新联盟知识共享影响因素进行了分析。周杰和陶晓芳（2016）研究了竞争性战略联盟企业之间的知识共享影响因素，为竞争性战略联盟企业间实现知识共享提出了有针对性的相关建议。

三、关系资本与知识共享

学者们对关系资本与知识共享的关系进行了相应研究，认为关系资本在促进联盟组织学习、知识技术共享等方面发挥着重要作用，良好的关系资本有助于构建良好的共享机制，为需求方获取更多信息资源和技术知识创造条件。Kale 等（2000）通过实证研究表明，关系资本不仅能够帮助合作伙伴彼此分享知识和技术信息，而且可以在促进组织学习与知识转移的同时保护自身核心知识不受机会主义行为的威胁，关系资本有助于有效管理组织间关系。Cummings（2001）指出，关系距离影响知识共享。Inkpen 等（2005）指出，在知识转移过程中，关系资本具有显著正向影响。龚毅和谢恩（2005）通过实证研究证明了沟通效率对知识共享的效果，认为沟通效率越高，知识共享越有效。

Collins 和 Hitt（2006）指出，关系资本可以促进联盟成员信息分享和知识整合，对合作伙伴之间的组织学习和隐性知识转移有显著影响。闫立罡和吴贵生（2006）研究了战略联盟中关系资本对知识转移的显著影响，揭示了关系资本在促进知识转移中发挥的重要作用。Carmeli 和 Azeroual（2009）认为，关系资本通过与合作伙伴在技术创新过程中的互动，可以整合技术知识，提高学习效率，从而促进知识技术的交换，是组织间进行合作创新的关键要素。Liu 等（2010）研究表明，良好的关系资本更能促进知识有效获取、吸收和共享，进而提升彼此之间的关系满意度和协调合作的有效性，在互惠的影响下，个体更愿意共享知识。联盟成员较强的信任度和互惠意识，有助于增强知识共享的意愿。

张红兵（2013）研究指出，信任以及承诺影响联盟内部知识的有效共享。郑万松等（2014）实证研究了信任对知识共享的正向影响作用。Cummings 和 Teng（2015）强调了沟通的重要性，认为没有有效的沟通，企业将难以获得发展所需的重要信息及其技术创新核心资源。吴维军（2015）研究了供应链联盟企业间关系投入对知识转移的积极影响，研究表明供应链合作关系是否长期稳定对知识共享和知识共享行为具有正向作用。刁丽琳和朱桂龙（2015）研究了信任与知识转移的关系，认为组织之间的信任度越高，越能促进良好的沟通和交流，提高他们对知识共享的意愿，对知识共享产生积极的影响。夏维力和李晓歌（2015）则从高校与企业合作的视角分析指出，高校与企业在合作过程中的信任关系越好，对有效利用和转移知识的意愿就越强，知识转移量也会相应地增加。朱晋伟和胡万梅（2015）研究了跨国公司沟通满意度对知识共享能力的正向影响关系。谢荷锋、娄芳芳和彭华训（2015）研究指出，合作双方的有效沟通能增强对彼此的信任度，增强知识共享意愿并提高知识共享质量。秦红霞（2017）研究发现，信任影响知识共享，知识协同共享建立在联盟成员高度信任的基础上，当联盟成员彼此高度信任时，才愿意共享自己拥有的核心知识。刘泽双、李宇琪（2017）指出，合作组织间的关系资本对知识转移产生积极影响。韩兰华（2017）研究表明，战略联盟关系资本经由知识吸收能力进而对知识转移绩效产生显著影响。研究表明，关系资本作为一种无形资本能够促进信息和知识资源的共享，减少机会主义行为，提高双方合作效果。

四、知识共享与联盟稳定性

在快速发展的当今时代，知识更新和技术创新正在改变着组织的发展方式，不同组织之间组建联盟的初衷和动机就是为了更好地利用外部资源进行知识积累和技术创新，提升竞争优势。随着联盟的快速发展，学者们对知识共享的研究视角开始从个人、企业内部转移到来自不同组织的联盟，并对联盟中知识共享的结果变量研究给予了极大关注，包括知识共享对联盟绩效、技术创新等的影响。Chung、Singh 和 Lee（2000）认为，组织之间结成联盟的初衷旨在通过与伙伴共享资源和知识，达到提高组织经营绩效的目的，从而创造更大的价值。刘二亮（2010）对知识联盟组织间知识共享与联盟成员绩效关系进行了研究，从知识共享能力和知识共享水平两个维度来考量知识共享，实证检验了知识共享对联盟成员绩效水平的正向影响。徐国东和郭艄（2012）实证研究了知识共享对合作组织创新绩效的影响。王玉丽（2015）研究表明，在产业技术创新联盟中，知识共享对技术创新具有重要影响，知识共享影响技术创新。研究表明，知识共享对技术创新有正向影响。在联盟中，组织之间可以通过研发合作来促进外部学习，增加知识来源储备，从而拓展技术领域并提高组织创新能力。

学者们认为，以联盟为形式的合作为企业及其利益相关者提供了知识共享的重要平台，成为企业赢得长期竞争优势的重要途径。联盟组织的知识共享对于促进合作成效起到了决定性作用，影响着合作关系走向，进而影响联盟合作的稳定与持续性发展。Dyer 和 Singh（1998）认为，知识共享意愿和资源投入影响知识共享行为与合作效果。只有当联盟成员各方愿意投入更多优势资源并且愿意与对方分享这些资源和知识，才能够促进知识相互融合，产生协同效应，使知识共享取得良好效果，进而提高联盟各方的知识技术水平，确立自身在市场上的竞争优势，推进联盟的协同合作实现成功，维持合作的稳定。叶飞和薛运普（2011）基于供应链合作研究了在关系资本中介作用下信息共享对运营绩效的影响机理。Huang 等（2012）指出，机会主义在联盟的运行过程中会不可避免地存在，由此会导致联盟成员为了追求自己的利益最大化而不愿充分共享自己的核心知识，从而导致联盟合作不稳定。Jun Mi（2013）认为，联盟成员的知识消化和知识吸收能力会对联盟合作的稳定性产生一定影响，消化吸收能力越强，知识协同能力越强，联盟合作越稳定；反之亦然。

蒋樟生和胡珑瑛（2010）基于古诺模型对知识共享、技术创新能力与技术联盟稳定性的关系进行研究，并认为联盟成员知识共享意愿和水平影响联盟稳定性。研究指出，只有联盟成员具有共享知识的强烈意愿，联盟合作才能维系；如果联盟成员共享的知识水平低，缺乏应用价值，那么难以实现技术创新，联盟稳定将会受到影响。周永红、吴银燕和宫春梅（2014）研究指出，知识共享不仅能使联盟成员的知识能力得到成长，并获得核心竞争力的提升，而且能够推进联盟企业的合作创新，增进联盟成员之间的紧密关系，使联盟呈现一定的共生稳定性。Tang 等（2015）研究发现，知识转移效率的高低影响联盟稳定，知识转移效率越高，联盟越稳定。颜爱民、徐婷和吕志科（2015）通过实证研究发现知识共享不仅能够提升组织绩效，而且能够进一步稳定合作关系。侯光文和薛惠锋（2017）研究指出，集群网络的知识获取对于提升创新绩效、稳定合作关系均具有积极的影响。

第四节 关系资本、公平感知与联盟稳定性研究

公平是人们对某一现象的一种主观感受或评价。随着公平理论的演变与发展，关于公平的研究逐渐被运用于组织合作关系中，强调其作为一种组织氛围对合作关系的影响作用。在关于联盟管理的研究中，学者们把公平作为联盟管理过程中不可缺少的因素之一加以研究。基于此，本书在前文关系资本与联盟稳定性相关文献梳理的基础上，进一步对公平感知的相关研究成果进行梳理和归纳，以期为本书研究假设的提出及框架模型的构建奠定一定的理论基础。

一、公平理论的演变与发展

公平在英语中常常用 justice 和 fairness（righteousness）表示。在组织行为学中，对公平感知的探讨最早开始于 Adams（1965）关于企业员工报酬对其工作动机的影响研究，其首次将工人对报酬公平的感知引入社会交换中，提出了早期的公平理论，即后来大家熟知的亚当斯公平激励理论。该理论认为人们会将其工作投入的资源与获得的结果之间的比率与他人进行比较，并由此产生投入与回报是否公平的心理感知。在 1975 年之前，关于公平的研究大多数集中于分析分配公平的问题。随着公平概念从分配公平到程序公平再到互动公平（包括人际公平和信息公平）的发展和深化，公平理论也经历了一个不断演进和发展的过程，如图 2-1 所示。

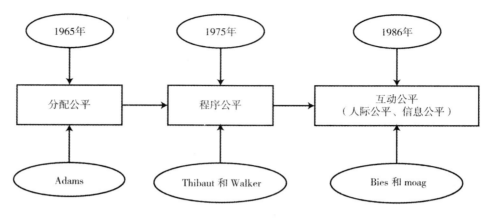

图 2-1　公平理论的演进过程

资料来源：笔者根据文献整理。

（一）分配公平

从分配的角度分析公平现象，关注事件结果的公正程度。关于分配公平的研究，主要基于反应视角和先动视角而展开（Greenberg，1990）。反应视角分析了人们感知到不公平时，会做出什么样的反应。Adams（1965）的公正理论属于反应视角。该视角认为，员工会将所获得的分配结果与设定的参考目标相比较而得到公平认知，是否感知公平会影响其心理满意度和工作行为。先动视角分析了如何形成公平的环境以主动追求分配公平的达成。该视角认为人们会根据其所面临的情形，主动制定公平的分配决策，营造公平的环境。如，公平判断模型、公平动机模型等。国内学者对分配公平的概念也进行了相应的界定。如，肖玉明（2009）通过公平熵测度分配公平度，界定企业成员公平分配程度的下限，构建了分配的公平约束和公平激励模型，研究结果揭示了供应链利润分配公平程度与供应链效率的关系，表明彼此之间所具有的高度的一致性。彭雷清和李泉泉（2010）在借鉴 Kumar 等关于分配公平认知的基础上，认为分配公平是供应链合作成员对交易合作中所获收益与付出代价相比是否感知公平的心理感受和评价，当合作成员认为彼此的付出与回报是公平的，则视为分配公平。

（二）分配公平和程序公平

Thibaut 和 Walker（1975）将法律问题的研究思路引入管理领域，提出了程序公平的概念。程序公平即从决策制定程序分析公平现象，关注决策制定过程的公平性，主要从合作过程中是否存在歧视现象、合作中成员提出的意见是否得到重视等方面入手。Thibaut 和 Walker（1975）认为，人们关于公平的主观感受，除了来源于对结果分配是否公平的感知外，还与人们对决策过程的公平感知有关。当人们认为判断分配所依据的程序以及分配的过程是公平的，即使分配结果不令人满意，也会更有可能认为这个合作是公平的，公平感知也会获得提升。在此基础上，关于六个评估程序公平的准则：一致性准则、避免偏见准则、准确性准则、可修正准则、代表性准则、道德准则，也为程序公平理论作出了显著贡献。基于Adams、Thibaut 和 Walker 的研究，Greenberg（1990）、Kumar 等（1995）从分配公平和程序公平两大维度对公平感知进行研究。国内武志伟和陈莹（2010）从无偏性（impartiality）、知识性（knowledge ability）和可驳性（refutability）研究了供应链企业成员合作流程中的公平问题。

（三）分配公平、程序公平和互动公平

Bies 和 Moag（1986）在已有公平研究的基础上提出了互动公平的概念。他们认为公平的程序并不一定能保证人们对分配结果，特别是那些不利的分配结果产生公平感受。在分配的过程中以及分配结果产生之后，如何与下属沟通、如何执行相关决策等同样会影响人们对分配结果特别是不

利分配结果的感受，所以公平也涉及互动的问题，即互动公平，其反映了联盟成员之间互动的质量和水平。Greenberg（1990）认为，互动公平包含人际公平和信息公平。其中人际公平即在与他人互动交往的过程中感受到的尊重、礼貌、友好等公平对待；信息公平即在相互交往中所接收到的对问题解释质量的感知。在此基础上，之后的研究将分配公平、程序公平、人际公平、互动公平组合为组织公平四因素模型，于是有了公平理论的四元论模型之说。

二、公平感知的前置因素

在关于公平的研究中，学者们主要关注哪些因素会影响到公平感知，换句话说，就是什么条件下更有利于创造公平的组织氛围。大体上包括个体因素、组织或文化因素等。在个体因素方面，Wanberg 等（1999）认为，个体的负面情绪倾向会影响其公平感知水平。研究表明个体因素的差异或者个人特性对公平感知是具有重要影响的。

在组织因素方面，主要包括组织氛围、组织结构等内部因素和文化差异、不确定性、合作周期、权力差异等（Luo，2008）组织外部因素。Kumar 和 Scheer（1995）认为，组织合作特征是组织的内部因素，对组织公平与组织间关系质量有调节作用。Schminke（2002）对组织结构集权化、组织规模等与组织公平感的关系进行了研究，结果发现集权化对程序公平有消极影响，组织规模对互动公平有消极影响，上级领导方式对下属的组织公平感有重要影响。其进一步分析了组织的决策中心性和正式性对员工公平感知造成的影响。Luo（2008）认为，文化和治理模式在公平感与组织合作效果间发挥调节作用。

三、公平感知与关系资本

关于公平感知的结果变量研究，学者们对公平感知与伙伴关系质量给予了很大关注。研究发现，在客户关系开发和关系维护的过程中，是否感知公平的心理感受发挥着重要的作用。Dwyer、Schurr 和 Oh（1987）指出，是否感知公平是供应链伙伴企业之间增强信任感的关键，高度的信任感有助于减少双方的冲突，促进双方沟通和交流。Anderson 和 Weitz（1989）认为，企业成员更期望与具有公平声誉的供应商开展持续性合作，是否受到不公平待遇对企业成员合作有重要影响。Kumar 和 Scheer（1995）通过实证研究证明经销商的公平感知对渠道关系质量有明显影响，公平感知程度越高，伙伴关系质量越好。龙立荣和刘亚（2004）研究了包括分配公平、程序公平、领导公平与信息公平的四要素组织员工公平感结构，发现是否感知公平能够有效地解释和预测组织员工的心理与行为，当员工感知公平时，更愿意加强沟通交流，形成学习互动，在此基础上进一步增强信任和依赖关系，增强关系的亲密度。周浩和龙立荣（2005）采用模拟情境实验探讨组织公平各维度对行为效果的影响差异，结果发现分配公平对个人满意度有主要影响，程序公平对组织承诺有主要影响，互动公平对是否信任上司有主要影响。Luo（2006）基于社会交易理论和渠道公平研究指出，供应链合作成员之间的公平感知是构建长期交易伙伴关系的基础之一。骆静（2007）研究了绩效考核中分配、程序、互动三个公平感要素结构及其对员工关系质量与合作行为的影响。研究表明，中西方在文化背景和人力资源管理模式上的差异，使主管在绩效评估有效性和员工感受到的绩效评估公平感中发挥着相比在西方企业中更为重要的作用。绩效评估公平感对知识员工的工作态度具有多焦点的影响作用。彭雷清和李泉泉（2010）以中国家电业为例，研究了经销商公平感知对关系承诺的影响。结果显示，经销商渠道公平感知会影响其对制造商的关系承诺，并改变对双方关系连续性预期的投资意愿。

四、公平感知与联盟稳定性

公平属于组织行为学科的经典概念，随着公平理论的发展，关于公平的研究逐渐从个人拓展到联盟组织中并受到学者们的关注。如前文所述，公平理论最初主要关注分配公平，重在分析企业之间的利益分配问题。对于战略联盟而言，感知公平会增强合作满意度并愿意继续投入，共享知识和技术，促进联盟内部保持稳定。在联盟组织中，公平的作用一方面表现为对绩效的直接影响，以 Luo（2007）的研究为代表。其系统地研究了公平与联盟绩效的关系，提出公平对于联盟绩效的正向促进作用，并在此基础上提出了分配、程序和互动公平对联盟绩效影响的独立与交互作用模型。另一方面表现为对联盟各方行为和态度的影响，以 Kumar（1995）研究为代表。大量研究表明，公平感知通过对行为和态度的影响间接促进工作绩效，对工作绩效具有显著正向影响。李大治和王二平（2007）把组织公平领域的研究成果引入到公共管理研究中，指出公共政策制定程序会影响大众对该政策的接受程度，进而影响政策执行的有效性及实际成效。也有学者将公平视为一种氛围因素，认为公司的战略执行和行动效率是否有效会受到公平因素的间接影响。此外，李垣、杨知评和史会斌（2009）研究指出，程序公平和分配公平对组织承诺有重要影响，进而会影响联盟绩效及其稳定的合作关系。刘娴、徐飞和宋波（2013）基于公平理论和关系治理理论，通过实证分析表明分配公平促进相互信任，并通过信任对联盟绩效产生显著正向影响。建立在分配公平和信任基础上的合作关系，有助于双方整合资源并共享知识，更好地发挥战略联盟优势，促进合作实现预期目标，推进合作持续稳定发展。刘刚和王岚（2014）基于中国汽车行业实证研究了研发合作中公平感知对关系价值与合作成效的影响。王思梦、邵云飞和陈瑶（2018）研究并验证了公平感知调节下联盟社会资本对企业联盟绩效的影响。学者们同时探讨了公平感知在合作伙伴行为不确定性、联盟网络关系、合作双元性与合作绩效等关系中的重要作用。

此外，学者们还着眼于几种不同种类公平之间的互动和相互关系研究以及不公平感知对个体和团队的一些正面作用研究，例如个体潜在能力的激发等。

第五节　总结与评述

综合而言，学者们基于不同的理论基础和研究视角，分别从定义、内涵、作用、影响因素等方面对产业技术创新战略联盟稳定性、关系资本、知识共享和公平感知进行了探讨和研究，取得了一些研究成果，为本书提供了理论基础。然而，产业技术创新战略联盟是一种特殊的组织形式，其稳定性是一个复杂的系统工程，影响稳定性的各种因素及作用机理也是错综复杂。尽管学者们从不同视角对产业技术创新战略联盟稳定性给予关注，但是研究较为分散，尚处于初级阶段，研究的广度和深度仍有待进一步深化。特别是将关系资本、知识共享、公平感知与产业技术创新战略联盟稳定性置于同一理论框架下揭示其影响关系和作用机理的研究无论从理论上还是从实践上都比较欠缺，尚没有形成一个完整的理论体系，其研究还存在以下四个问题：

（1）关于关系资本的研究衍生于社会资本的研究，国内外学者对关系资本的研究取得了一些成果，特别是对关系资本的概念内涵、维度构成、在个人和组织中的作用等进行了界定和阐释，为本书的研究奠定了基础。对于关系资本与联盟稳定性的关系研究虽然有所涉及，但研究不够系统，未深入揭示关系资本影响联盟稳定性的作用机理。就关系资本对产业技术创新战略联盟这一特殊联盟的稳定性是否发挥影响以及如何影响的研究较为零散，还需基于中国文化背景，将两者置于同一框架下进行深入探析，进一步揭示关系资本对产业技术创新战略联盟稳定性的影响关系和作用机理。

（2）关于知识共享的研究受到国内外众多学者的关注，学者们基于不同的研究视角形成了对知识共享的定义类别、前置因素、影响作用等研究成果，为本书研究奠定了理论基础。产业技术创新战略联盟实际上也是知识经济时代的一种新型知识联盟，组建联盟的目的就是更好地获取优势资源和技术知识，提高技术创新能力，更好地解决共性技术关键问题。知识能否有效共享，直接影响联盟的技术创新及持续稳定发展。现有研究关于知识共享与关系资本及联盟稳定性关系研究有所涉及，但是将知识共享运用于产业技术创新战略联盟稳定性研究得还不深入，将知识共享置于关系资本影响产业技术创新战略联盟稳定性的框架之下，研究其在关系资本与产业技术创新战略联盟稳定性关系中的中介作用更不多见，其相互关系和影响机理有待进一步整合深化。

（3）公平感知源自公平理论的研究，强调的是一种个人对于是否公平的直观感受。随着研究的不断深入，公平感知已由微观个人拓展到了中观组织并运用到联盟合作、合资企业等关系之中。学者们对公平感知的概念、影响因素、发挥的作用等给予了极大关注，取得了一些研究成果，为本书奠定了理论基础。产业技术创新战略联盟是一种特殊组织形式，来自不同利益主体的联盟组织成员更加关注公平，其在合作中关于是否公平的主观感受同样会影响到伙伴成员的关系质量与合作效果。就组织层面而言，现有研究虽然对公平感知在企业绩效、组织承诺、关系质量等方面的影响作用有所涉及，但是研究的系统性还不够，将公平感知运用于产业技术创新战略联盟稳定性研究中，揭示公平感知在关系资本与产业技术创新战略联盟稳定性关系中是否发挥调节效应尤其缺乏，相关理论体系有待进一步丰富和完善。

（4）随着产业技术创新战略联盟作用的日益凸显，学者们对其能否稳定运行和持续发展给予了很大关注，并从不同理论视角对产业技术创新战略联盟稳定性的定义内涵、影响因素等进行了研究，形成了相关的研究成果，为本书奠定了理论基础。但是基于中国创新驱动发展战略背景下，对产业技术创新战略联盟这一特殊联盟形式的稳定性研究尚处于初级阶段，尤其是基于关系资本视角，把知识共享、公平感知与产业技术创新战略联盟稳定性置于同一框架下研究更是缺乏，研究的广度和深度还需进一步拓展。且当前研究尽管集中于博弈分析法及共生模式应用展开定量方面的研究，但是在模型应用和实证方面还不足，有必要基于调查数据，借助相关统计软件，进一步丰富联盟稳定性的量化分析和实证检验。

基于此，本书在总结前人研究成果的基础上，以中国创新驱动发展战略为背景，基于关系资本的视角，引入知识共享、公平感知，揭示其与产业技术创新战略联盟稳定性的影响关系和作用机理，构建产业技术创新战略联盟稳定性理论框架，进一步丰富关系资本、知识共享、公平理论及联盟稳定性理论体系，以期为我国产业技术创新战略联盟的稳定运行与持续发展提供理论支撑和实践指导。

本章小结

本章对产业技术创新战略联盟稳定性、关系资本、知识共享、公平感知相关理论研究进行了梳理和回顾。关于产业技术创新战略联盟稳定性的研究主要从产业技术创新战略联盟稳定性的定义内涵、产业技术创新战略联盟稳定性的影响因素和产业技术创新战略联盟稳定性的定量研究三个方面进行梳理和回顾；关于关系资本与联盟稳定性的研究，主要从关系资本的概念界定、关系资本的维度构成、关系资本与联盟稳定性三个方面进行梳理和回顾；关于关系资本、知识共享与联盟稳定性的研究，主要从知识共享的定义分类、知识共享的影响因素、关系资本与知识共享、知识共享与联盟稳定性四个方面进行梳理和回顾；关于关系资本、公平感知与联盟稳定性的研究，主要从公平理论的演变与发展、公平感知的前置因素、公平感知与关系资本、公平感知与联盟稳定性四个方面进行梳理和回顾。在此基础上，对现有文献研究进行综合评述，在肯定现有研究成果的同时指出研究存在的不足，提出本书的研究切入点，将关系资本、知识共享、公平感知与产业技术创新战略联盟稳定性进行整合分析，揭示其影响关系和作用机理，以期进一步丰富关系资本、知识共享、公平理论及联盟稳定性研究领域，为提升产业技术创新战略联盟稳定性管理水平提供借鉴和参考。

第三章　研究假设与理论模型

本章在上一章文献综述的基础上，按照研究思路和目标，从研究主题出发，围绕关系资本、知识共享、公平感知与产业技术创新战略联盟稳定性关系提出相关研究假设，形成研究假设汇总，并在此基础上构建本研究的框架模型。

第一节　关系资本、知识共享、公平感知与产业技术创新战略联盟稳定性关系梳理

在第二章文献综述中，本书对产业技术创新战略联盟稳定性研究现状进行了梳理和回顾。产业技术创新战略联盟稳定性研究源于战略联盟稳定性研究，在战略联盟稳定性的影响因素研究中，众多学者认为，基于信任、承诺等要素的关系资本是影响联盟稳定性的一个重要因素。产业技术创新战略联盟是区别于一般产学研组织和企业集群的异质性组织，在产业技术创新战略联盟这个特殊联盟中，关系资本是否发挥同样的作用以及如何发挥有待进一步证实。基于此，本书将关系资本运用于产业技术创新战略联盟稳定性研究中，以揭示关系资本对产业技术创新战略联盟稳定性的

影响。

从产业技术创新战略联盟的概念和内涵界定中可以看到，产业技术创新战略联盟组建的初衷和本质就是实现资源互补和知识共享，推进重大技术创新。从第二章关于知识共享与关系资本和联盟稳定性关系的文献回顾中也可以看到，学者们对知识共享与关系资本和联盟稳定性的关系给予了一定关注，相关研究证实关系资本影响知识共享以及知识共享影响联盟稳定性的结论。这启发了本书的研究思路，结合产业技术战略联盟对知识共享的关注和重视，将知识共享运用于产业技术创新战略联盟稳定性研究中，立足于关系资本影响产业技术创新战略联盟稳定性这一研究主线，将三者进行整合研究，通过研究知识共享的中介作用揭示关系资本与产业技术创新战略联盟稳定性的影响关系和作用机理。

从前章的文献梳理中同样也可以看到，公平感知越来越受到联盟研究者的关注，学者们将公平感知运用于联盟合作中，将其与关系资本、联盟合作绩效相联系，研究其在联盟合作中扮演的重要角色。已有研究表明公平感知有助于提升关系质量、促进合作成效。本书研究对象产业技术创新战略联盟由不同的利益主体构成，由于利益和价值观等不同，对于合作是否公平会给予更大关注。基于此，本章在关系资本、知识共享与产业技术创新战略联盟关系构架的基础上，引入公平感知为调节变量，进一步揭示公平感知在关系资本与产业技术创新战略联盟稳定性关系中的重要作用。

基于上述考虑，本书在现有研究成果的基础上，基于产业技术创新战略联盟这一特殊组织形式，将关系资本、知识共享、公平感知与产业技术创新战略联盟稳定性置于同一框架下进行整合研究，进一步揭示其影响关系和作用机理，以期拓展和丰富联盟稳定性研究领域及理论体系，为提升产业技术创新战略联盟稳定性管理水平提供参考和依据。

第二节　相关研究假设

战略联盟所形成的关系资源是社会资本的重要组成部分，已有研究表明，联盟伙伴间长期、友好的关系有助于共享盟友的知识、信誉、人力资源等无形资产，而且还可通过资源的互补、整合与知识技术的共享促进沟通交流与合作深化，为联盟创造其他企业无法获取的关系性租金，提升创新能力和竞争优势，从而实现双赢。而公平感知作为一种主观感受，在联盟合作中也具有影响作用。本书基于已有理论基础和上述关系梳理，提出关系资本、知识共享、公平感知与产业技术创新战略联盟稳定性关系的相关研究假设。

一、关系资本与产业技术创新战略联盟稳定性

从前文可知，学者们基于不同的研究视角对关系资本的构成维度进行了不同的划分。已有研究中，学者们普遍认可信任和承诺是关系资本的两大核心要素（Bromiley 和 Cummings，1993；Morgan 和 Hunt，1994；Cullen、Johnson 和 Sakano，2000），并围绕信任和承诺这两个核心要素进行拓展。由于信任、承诺、沟通、行动等构成要素先前研究已提供了一些参考（Sambasivan 等，2011；薛卫等，2011；包凤耐，2015），因此本书结合实际研究需要，在借鉴前人研究成果的基础上，通过专家调查法征求相关领域专家意见，进一步确定关系资本的构成维度，从相互信任、互惠承诺、有效沟通和共同行动来度量关系资本（见表4-1）。下面逐一探究其与产

业技术创新战略联盟稳定性的关系。

（一）相互信任与产业技术创新战略联盟稳定性

学者们从不同视角形成了对信任的认识和看法，对于信任在关系资本中的重要性，大多数学者普遍认可并围绕着信任在联盟合作及联盟稳定性中的作用展开相关研究。在联盟中，信任意味着合作组织成员相信对方不会为了自身利益而损害合作方利益，也相信合作中获取的知识、信息和资源是有价值的。Bruthers 等（1995）、Dyer（1997）指出，信任是形成战略性伙伴关系的核心。联盟成员信任关系的建立和巩固，可以帮助联盟合作各方处理冲突，化解矛盾，增强满意度，是促进联盟合作稳定与成功的基础和关键要素。Geyskens 和 Steenkamp（1996）研究表明，联盟成员由拥有不同知识基础和合作经验的企业组成，彼此之间的相互信任不仅可以促进信息流动，使双方在沟通协商的基础上形成互惠互利的密切合作，而且能够增强双方合作的信心，形成良好的合作声誉，扩大其活动领域和范围，提高合作的满意度，有效解决矛盾和冲突，为合作伙伴提供一系列合作优势，共同推进持续稳定有效的合作关系。Gill（2003）研究指出，在构建良好关系、维持双方合作、促进联盟稳定、推动联盟成功的影响要素中，信任发挥了重要作用，是根本性影响因子。Zeng 和 Chen（2003）基于社会困境理论研究了信任在联盟成败中发挥的重要作用。

苑清敏和齐二石（2004）对我国中小企业的动态联盟稳定性影响因素进行研究，强调了信任机制、收益分配机制的重要影响作用，指出资源互补性、联盟信任机制、收益与风险分配、合作意愿与满意度、信息完善程度等对动态联盟的稳定性具有重要影响。林莉和周鹏飞（2004）认为，组织信任是不同于陌生人之间弱信任的一种弹性信任，这是一种基于紧密联系和互惠规范的强信任关系。这一信任表明合作一方不愿意通过控制手段来监督另一方，因为其相信对方不会做出对自己不利的事情。Yang 等（2008）从社会交换理论和目标依赖理论角度，研究了供应商之间的相互信任对供应链绩效与合作稳定的显著影响。苏晓华和季晓敏（2008）分析了跨国联盟柯达与乐凯合作解体问题，研究指出信任机制在联盟稳定性中具有重要作用。陈耀和步生兵（2009）基于社会交换理论和目标互依理论，研究了信任对供应链联盟稳定性的重要影响。江星本（2011）依托 119 份重庆汽车渠道战略联盟样本数据，实证分析了合作伙伴信任与联盟稳定性的关系，并证明了信任在联盟稳定性中的重要性。江旭（2012）研究表明，机会主义是影响联盟持续发展的重要因素，成员信任能增进彼此合作关系，减少机会主义行为，维持长期合作。但是，信任也有善意信任和能力信任之分，适度的善意信任会降低合作伙伴的机会主义，但信任水平不能超过一个特定的点。方静和武小平（2013）指出，联盟合作存在风险，而成员相互信任和控制机制的构建是降低联盟风险的有效方法。在联盟的稳定合作与成功运行中，彼此之间的信任程度发挥着基础性作用。Fadol 和 Sandhu（2013）提出联盟四阶段概念框架，认为成员信任度在每一个阶段都对联盟稳定性造成影响。Nguyen 和 Srinivasan（2014）基于社会交换理论提出，信任不仅能显著影响联盟的稳定性，而且正向影响联盟绩效。Hill 等（2015）提出，联盟成员之所以很难发挥协同效应就是因为缺乏信任。

通过上述归纳分析可以发现，信任是促进联盟合作稳定的重要因素。产业技术创新战略联盟作为一种由不同利益主体构成的特殊战略联盟，其成员之间的相互信任不仅能发挥润滑剂作用，促进沟通交流，有效化解冲突，而且能增强获取收益的预期，增进合作信心与满意度，促进联盟持续稳定。联盟稳定运行的前提和保障建立在高度信任的基础上，成员间的信任度与联盟稳定性有着紧密联系。基于此，本书提出以下假设：

H1：相互信任对产业技术创新战略联盟稳定性有直接显著影响。

（二）互惠承诺与产业技术创新战略联盟稳定性

互惠这一概念最早由社会学家提出，认为互惠是普遍存在的社会现象，能稳固社会体系。之后延伸到行为经济学领域，认为互惠是一种有条件的合作行为。在管理学领域，学者们从行为视角强调互惠行为对满意度和工作绩效的影响。在联盟中，互惠行为产生的利他主义可以降低信息收集成本，获得良好合作效益。承诺的概念最早由美国学者 Morgan 和 Hunt 的承诺—信任理论提出。该理论认为，承诺意味着企业为了维持与其他关联企业的长期稳定发展而做出努力的意愿或采取的行为。承诺嵌入于具有相互协作、互惠互利、良性互动等特征的企业网络关系之中。

潘文安和张红（2006）指出，互惠承诺包括经济性承诺、情感性承诺和时间性承诺。经济性承诺基于合作利益的视角而言，表明为了自身利益，伙伴之间愿意尽最大努力去维持双方关系；情感性承诺基于情感归属视角而言，意味着成员间为了共同的价值观和情感归属愿意尽最大努力而维持相互关系；持续性承诺基于合作目标视角而言，表明伙伴成员为了减少机会主义，更好地追求长期共同目标和利益而愿意尽最大努力维持彼此关系。互惠承诺意味着对联盟合作伙伴的忠诚，表明是否愿意为长期合作而做出努力的一种态度和行为。对于承诺在联盟稳定性中的影响，学者们从不同视角进行了验证和分析。Narus 和 Anderson（1986）指出，承诺是一种关系导向，表明联盟成员愿意维持长期合作关系。Mummalaneni（1990）认为，承诺意味着联盟成员不愿意终止当前合作，期望合作能够继续维持下去。具体而言，当联盟成员没有承诺时，意味着其不愿意与对方建立亲密友好的合作关系，因不满意于当前的合作而不愿意继续维持下去；当联盟承诺建立以后，意味着其愿意与对方建立友好合作关系，并愿意继续维持当前的合作。互惠承诺体现了双方互惠合作的水平和质量，是联盟稳定的重要影响因素。Yang 等（2008）在研究供应链联盟稳定性问题时，从社会交换理论和目标依赖理论的角度进行分析，研究发现供应商的承诺不仅对供应链联盟的稳定性有积极影响，而且对联盟合作绩效也有积极影响。高维和、陈信康和江晓东（2009）认为，承诺是合作成员关于对构建稳定的合作关系的一种心理上的和法律上的关系规范约束。其关于声誉、心理契约和企业间关系的研究，基于契约关系基础发展了最为流行的企业间关系"信任—承诺"框架，正是对方的可信度促进关系方信任倾向，进而影响目标方承诺。蔡继荣（2012）以我国轿车工业中竞争性战略联盟为实证研究对象，分析和校验了联盟承诺对战略联盟稳定性的影响机理和作用路径。韩姣杰（2013）建立了以互惠与利他偏好为基础的非对称演化博弈模型，分析了互惠以及利他偏好与合作互惠的相互影响，发现具有互惠偏好的组织会促进多主体的合作行为，而没有互惠偏好的个体则会考虑不合作。

承诺作为一种重要的情感因素，与关系资本中的信任是互利共生、循环促进的。一方面，伙伴之间的互惠承诺会促进相互信任。在合作网络关系中，如果双方都能认真履行承诺，为了共同目标而努力，那么其声誉会大大提高，双方信任度也会加强。相反，如果一方成员不能忠实地履行承诺，为了获取自身利益而不顾牺牲合作方利益，做出违背道义的机会主义行为，那么其声誉将大大降低，合作成员对其信任度将会大打折扣，缺乏信任的合作难以有效推进。另一方面，伙伴之间相互信任程度越高，越有利于承诺的实现。成员之间由于相互信任，会进一步加强沟通和交流，增进彼此了解，有效避免摩擦，更好地分享知识和技术，减少为之付出的各种成本。由于联盟成员相信对方不会采取对我方不利的行为，在感情上更愿意与对方开展互惠互利的合作，促进承诺实现，推进合作的持续稳定。

可见，承诺和信任一样，对联盟稳定性具有重要影响，互惠承诺程度越高，越有利于联盟的稳定。产业技术创新战略联盟中的互惠承诺可以增强联盟成员之间的信任度，推动合作共享，提高创新业绩，维持合作稳定。基于此，本书提出以下假设：

H2：互惠承诺对产业技术创新战略联盟稳定性有直接显著影响。

（三）有效沟通与产业技术创新战略联盟稳定性

沟通是信任和承诺得以形成的基础。当合作关系建立以后，一项关键性的行动就是沟通。在联盟中，沟通可以理解为联盟成员分享知识和信息以及交换资源的行为，其中包括正式的和非正式的沟通。资源基础理论认为，战略联盟成员往往根据自身拥有的资源和具备的能力来定位战略目标。而战略联盟目标的实现，需要联盟成员通过沟通这一关键行动来推进。经常性的沟通和交流可以促进知识信息在联盟成员之间有效转移和共享，就问题和认识达成一致。在交流过程中，联盟成员如果碰到障碍或矛盾，可以通过调整自我行为，增进沟通频率和沟通强度，及时调整目标，采取有效措施确保任务落实。沟通在联盟组织合作中具有举足轻重的作用。

对于沟通在联盟稳定性中的作用，学者们形成了相应的研究成果。Bruhn（1995）研究发现，由于联盟成员之间缺乏沟通和默契，容易引发冲突和关系的不协调，由此导致战略联盟发生不稳定性。无效的沟通会导致联盟伙伴成员因为难以达成共识而造成冲突，降低联盟的有效性。联盟成员之间的有效沟通可以使联盟成员双方进行协调，就相关问题达成一致，共同努力实现联盟合作结果与目标。Zeng 和 Chen（2003）基于社会困境理论对联盟稳定性进行研究，研究表明沟通对联盟稳定性有显著影响。Hardy、Lawrence 和 Grant（2005）分析了沟通在合作绩效中的作用，认为有效的沟通可以促使企业之间建立牢固的合作关系，增强集体归属感，促进合作绩效。张清山和张金成（2009）从动态运行视角出发研究指出，在联盟运行中，是否有经常性的信息沟通和反馈渠道会对战略联盟的稳定性造成影响，是维持联盟稳定的重要因素之一。Schreiner（2009）提出，成员之间能够顺利而有效的沟通有助于提高联盟稳定性。

王禹杰（2009）分析了组织沟通和运行效率的关系，研究表明组织沟通的有效性可以降低交易成本，使双方耗费较少的资源而保障目标的实现，研究基于信息熵建立了建设项目沟通有效性的度量模型，为实际合作中提高沟通有效性提供了方法指导。Schilke 等（2011）指出，伙伴恶性竞争、冲突等行为可能导致联盟失败和解体，联盟成员彼此间冲突越多，联盟稳定性越差，而有效的沟通则可以减少冲突和矛盾，成员经常进行交流和接触有助于维持联盟合作的稳定。江星本（2011）强调了沟通等战略联盟盟员行为对汽车渠道战略联盟稳定的影响。同时强调在行为方面，沟通为联盟关系的活力之源。有效沟通对于社会和商业关系的重要性已得到广泛认可，对于渠道关系的研究均包含沟通因素。薛晓芳和赵毅（2012）基于建筑业企业对组织沟通的有效性与联盟合作绩效的关系进行了研究。结果表明，组织之间的有效沟通对组织联盟绩效产生积极影响，要实现良好的组织合作，必须加强彼此的有效沟通，提高沟通效果。周青、王乃有和马香媛（2014）研究表明，联盟成员能否有效沟通影响联盟内部关系协调，进而影响联盟稳定性。信息沟通共享机制不健全会加剧联盟的过程、任务和关系冲突。

可见，沟通是组织运行的基础，通过顺畅的信息沟通和反馈渠道进行及时有效的沟通和交流，能够促进联盟成员建立相互信任的关系，培养良好的关系资本，形成互通有无的组织氛围，增强互动合作的意愿和效果，降低任务执行的难度和障碍，推动实现合作目标，促进联盟稳定运行。基于此，本书提出以下假设：

H3：有效沟通对产业技术创新战略联盟稳定性有直接显著影响。

（四）共同行动与产业技术创新战略联盟稳定性

共同行动是关系资本形成的重要途径。共同行动表明合作双方愿意参与彼此的活动，愿意共谋发展，共解难题，共享成果，在一定程度上反映了联盟成员之间的密切友好、相互依赖和彼此信任的关系，也有助于维持双方合作关系的稳定。Heide 和 John（1990）、Collins 和 Hitt（2006）认为，共同行动是合作组织间互相渗透组织边界的程度。共同行动表明合作企业在行为目标的指导下为了完成合作任务共同制订计划、共同解决问题的行为程度，包括共同实施行为策划、共同开展客户需求预估、共同进行技术研发、共同进行产品组件测试等，反映了双方的关系强度。Lee 等（2010）指出，共同行动是合作伙伴履行承诺的重要表现，可以有效保障合作伙伴彼此信任、相互协调，维持稳定友好的合作关系，实现共同创新和双方共赢。薛卫等（2010）认为，共同行动是关系资本的关键要素和维度，联盟成员基于共同目标而共同决策和共同求解的互动行为，有助于使具有复杂性和缄默性特征的隐性知识在双方互动合作中得以交换和共享，促进资源整合，推动技术创新，提升合作绩效、维持稳定发展。

因此，共同行动能够为产业技术创新战略联盟成员交换知识、交换观点、有效沟通创造条件并搭建平台，在共同行动的过程中各方信息碰撞可以产生新的火花、迸发新的创意，更好地推进稳定合作。共同行动的程度越高，表明联盟伙伴的互动程度越高，对活动的参与度越高，依赖关系也越强。基于此，本书提出以下假设：

H4：共同行动对产业技术创新战略联盟稳定性有直接显著影响。

二、关系资本与知识共享

已有研究表明，联盟合作伙伴之间的信息、知识和资源共享的数量和质量都会受到关系资本的影响。产业技术创新战略联盟成员彼此相互信任，积极履行承诺，有效沟通交流，共同行动而形成的关系资本，有利于知识共享，是知识共享的基础和保障。

（一）相互信任与知识共享

在关系资本中，信任是最基本的要素。就关系资本的作用而言，众多学者围绕信任这一核心要素展开研究，验证了信任对于知识共享的重要影响（Das 和 Teng，2000；Inkpen 和 Tsang，2005）。已有研究表明，如果在联盟运行中，联盟成员之间不能培养良好的信任关系，那么就会阻碍优势资源、知识和技术的转移与共享，增加运行成本。而良好的信任关系可以增强彼此合作意愿，促进知识分享与风险分担。Nonaka（1994）分析了团队成员信任与隐性知识共享的关系，认为信任是知识共享的基础，团队成员之间彼此相互信任能够有效促进成员之间的隐性知识共享。Bradach 和 Eccles（1989）认为，信任促进知识共享。因为主体之间如果相互信任，就不会担心自己的资源被另一方擅自利用。Gulati（1995）研究了信任对联盟合作的影响，指出信任可以促进联盟成员之间开展广泛交流，共享知识技术，减少监督和控制成本，降低机会主义发生的概率；具有良好信任关系的联盟成员更愿意增加专用资产投资来提高合作效率。Nelson 和 Cooprider（1996）分析团队信任对知识共享的影响时指出，团队信任的增加正向影响团队成员的知识共享，即团队成员信任度越高，越有利于共享知识。Janz 和 Prasarnphanich（2003）指出信任影响知识共享意愿。已有研究表明，团队成员之间的相互信任，可以增进彼此的心理承诺，进而促进团队知识的有效共享。团队成员的信任度越高，成员的知识共享意愿越强。信任是知识交换的前提和基础，如果联盟成员之间缺乏信任，那么交换意愿降低，难以达到技术知识交换共享的效果。

于桂兰和孟秀石（2010）在分析信任对组织之间知识共享的影响时，将信任进行了分类，验证了不同类型的信任对显性知识共享和隐性知识共享的影响。王娟茹和杨瑾（2012）指出，知识共享离不开信任，信任是知识有效共享的主要原因。团队成员信任程度高低，会影响成员交流知识和信息的积极性与主动性，从而影响知识共享效果。信任、团队互动对于知识共享均有显著正向影响。潘宏亮和余光胜（2013）认为，组织中的信任程度越高，知识共享意愿就越强烈，成员越愿意分享自身的隐性知识。较一致观点是，不信任对知识共享具有消极影响，造成知识共享困难的原因之一是彼此之间缺乏信任。基于此，联盟成员之间相互信任是知识共享的前提条件，当联盟成员信任度高时，更愿意为联盟贡献并分享自己的知识。

产业技术创新战略联盟的功能就是实现资源互补和知识共享，推进技术创新。联盟成员之间的优势资源和知识技术共享程度直接影响产业技术创新战略联盟的合作效果。而要达到良好的知识共享效果，需要具备一定的条件和前提，那就是联盟成员愿意共享自己拥有的知识和技术，并愿意与其他联盟成员为了实现联盟目标而共同努力。而信任是联盟成员自愿合作的前提，在其中发挥着至关重要的作用。只有建立了良好的信任关系，才能使联盟成员对他人的意图和行为放心，降低对知识源的保护，愿意开放和共享知识信息并建立更为丰富的知识共享渠道，促进双方合作。

可见，信任发挥了社会控制和风险降低的作用，基于相互信任的联盟合作能够增进双方的透明度，部分地消除阻碍知识共享的因素并防范机会主义风险，促进双方知识共享意愿，提高知识共享的频率和效果，增强合作创新的能力，实现联盟的共同目标。基于此，本书提出以下假设：

H5：相互信任对知识共享有显著正向影响。

（二）互惠承诺与知识共享

承诺与信任一样，是关系资本的基本构成要素。信任是关系资本形成的基础，承诺则是关系资本得以维持和发展的条件。在联盟中，互惠承诺反映出联盟组织愿意维护和发展现有合作关系并期望这一合作能够稳定维持下去，是一种持久性的合作行为。在联盟成员看来，加入联盟关系网络的主要目的就是实现资源互补和知识共享，提升创新能力，获得预期收益，而互惠承诺作为双方相互依存的重要因素在其中发挥了重要的作用，是关系质量的重要体现。

根据 Scanzoni 和 Kumar 的观点，承诺意味着需要投入更多的资金和精力，自信于现有合作关系并希望合作继续。具有输入性、一致性和耐久性特点。维持长久合作，需要共享知识，推进合作创新，而双方长久的合作也一定会提升知识共享效果。Mohr 和 Spekman（1994）认为，承诺显著影响知识共享程度。因为承诺意味着联盟成员为了维持合作关系必须做出努力，这就必须实现知识有效共享，使知识发挥更大的作用。Wu 和 Cavusgil（2006）指出，承诺是实现双方长期合作的一个重要条件，表明合作双方接受共同的价值观，愿意为实现共同的目标而进行专用性资产投资并希望合作能够延续。De Clercq 和 Sapienza（2006）指出，态度承诺是一种心理认同，表明合作各方高度认同合作关系并愿意通过沟通交流为这一关系做出贡献。叶飞和李怡娜（2006）研究了关系承诺在供应链运营中的作用，结果表明供应链关系承诺显著正向影响信息共享与运营绩效。研究发现，承诺对财务信息共享绩效与财务信息有显著正向影响；承诺对时机与创新都有正向影响。诸多研究表明，互惠承诺是促进联盟成员参与知识共享的动力和条件。持续性的互惠承诺可以促进联盟成员进行更多的专用性投资，通过与联盟成员的知识技术共享，获得更低交易成本和更高的联盟价值。

产业技术创新战略联盟的互惠承诺，反映了联盟成员关系投资意愿，可以增加相互依赖关系，降低机会主义和知识泄露的风险，部分消除知识共享的障碍。当联盟成员作出承诺后，合作方也对其承诺作出反应，在双方的各自行动中可以增强信任关系，更加重视合作，并为了实现合作目标而采取有效方式促进知识共享。基于此，本书提出以下假设：

H6：互惠承诺对知识共享有显著正向影响。

（三）有效沟通与知识共享

沟通是一种正式或非正式的信息分享和协调活动，是知识共享的有效手段和重要方式。知识本身具有隐含性、复杂性和模糊性等特征，这些特性是阻碍知识有效共享的客观性因素。如果合作成员沟通较少，那么彼此缺乏了解和认同，当发生冲突时也难以获得解决，在一定程度上又增加了知识共享的难度。而有效的沟通则有助于增强联盟成员的相互信任关系，降低知识保护欲望，协调成员合作行为，并为实现目标而共享知识。已有研究表明，良好的沟通氛围会影响组织承诺进而影响知识共享。关系双方的沟通频率越高，沟通效果越好，成员关系越强，越愿意进行知识共享。

Hendriks（1999）基于沟通机制讨论其对知识共享的影响，结果表明，良好的沟通机制对知识共享具有强化作用，信息和知识能够有效沟通直接影响组织的知识共享效果。Hooff 和 Ridder（2004）基于沟通氛围的视角研究其对知识共享的影响，结果表明，建设性沟通氛围显著正向影响知识贡献和知识收集。计算机介入的沟通对组织忠诚有正向作用，忠诚继而影响员工知识贡献和收集的意愿。季晓芬（2008）在分析沟通对知识共享的影响时指出，沟通具有工具性作用，频繁而有效的沟通可以促进信任关系的建立，使不同学科的团队成员传递的知识和言论得以碰撞，进而促进知识转化和知识共享的发生。刘衡、李垣、李西垚和肖婷（2010）指出，在企业的合作行为中沟通是一项关键行动，通过有效的沟通可以促进与供应商、客户、竞争对手、行为协会、公共机构以及利益机关机构之间的信息沟通共享和资源交换行为，从而降低成本，提高市场占有率。

产业技术创新战略联盟成员来自不同的利益主体，要维持稳定合作，沟通尤为重要。如果战略联盟成员间建立了有效的沟通渠道，那么可以通过会议、学习小组、座谈等多种途径提升沟通与交流的频率和效果，加深联盟成员的彼此信赖和目标认同，减少时空障碍，提升反馈质量，协调矛盾冲突，并为了实现目标而更好地共享知识。基于此，本书提出以下假设：

H7：有效沟通对知识共享有显著正向影响。

（四）共同行动与知识共享

知识共享就是合作双方对特定信息和知识的交换、吸收、融合、创新。共同行动就是合作双方为了实现共同的合作目标而共同制定规划，共同形成决策或共同解决问题的互动合作行为。有效的知识共享依赖于双方的互动，如果任何一方不愿意为实现共同目标而付出努力，那么就难以达到知识有效共享的效果，合作的预期目标便难以实现，因此共同行动对于知识共享至关重要。

Heide 和 John（1992）指出，共同行动可以促进合作。共同行动意味着合作双方可以在协商一致的基础上共同制定规划和政策，这些既定的规则或规范是双方认可的，可以协调双方的活动行为并对合作进行有效的管理。Nonaka（1994）对知识共享进行了研究，指出知识具有复杂性、缄默性等特征，会造成知识共享的困难，而合作成员的共同行动能够通过互动行为提升知识交换和共享的效果。Gulati（1995）认为，共同行动是一种有效的、低成本的自我保护，联盟合作本身具有时间长、任务复杂、创新性不确定等特征，共同行动将促使合作双方形成良好的互动关系，促进合作持续推进。共同行动意味着联盟成员具有良好的联盟关系，具有良好关系的联盟成员更能在共同行动中频繁进行沟通，有效地分享彼此的观点和知识，并在共同解决问题的过程中实现技术创新。Kale、Singh 和 Perlmutter（2000）认为，在联盟关系资本形成过程中，关系治理和契约治理同样发挥着重要作用，基于共同行动的关系治理意味着不需要第三方介入而保证合作的顺利推进。Collins 和 Hitt（2006）认为，共同行动能够为双方交换观点创造良好的环境，推进知识在更大范围内流动和共享，促进知识创新，提升合作绩效。已有研究表明，合作双方的共同行动，有助于双方交流观点和看法，达成一致共识并共同解决面临的难题，创造良好氛围，开展更频繁的合作行为，更加有效地推进技术创新和知识共享。

产业技术创新战略联盟组建的目的就是共享资源和技术，实现创新能力的提升。而产业技术创新战略联盟成员由不同的法人主体构成，有各自的价值观和预期目标，只有联盟成员共同行动，在相互尊重的基础上共同决策，共同求解，才能实现真正意义上的知识共享。基于此，本书提出以下假设：

H8：共同行动对知识共享有显著正向影响。

三、知识共享与产业技术创新战略联盟稳定性

产业技术创新战略联盟组建的目的就是推动核心知识在联盟成员之间

流动，与联盟伙伴共享互补性知识资源，降低获取知识的成本，推进产业技术协同创新，解决共性关键技术问题，更好地维持竞争优势。知识共享的本质就是合作双方快速获取需要的外部知识并经过重构形成新的创新知识，以推动技术创新与成员合作。如果联盟成员能够共享知识，那么意味着愿意进行必要的投入，并增进彼此的信任，当出现问题时，双方可以通过有效的沟通或谈判来解决问题，以维护整体合作利益。联盟组织的知识共享越顺畅，创新速度越快，绩效水平越高，合作越趋于稳定。

Zarraga 和 Bonache（2003）研究发现，组建联盟的目的是实现知识共享，从而创造新的知识，联盟成员知识共享对茟盟合作绩效有正向影响。这说明联盟成员之间越能有效共享知识，合作绩效越高，联盟越稳定。如果联盟成员之间无法畅通有效地共享知识，则联盟绩效会下降，联盟稳定合作会受影响。Mesmer-Magnus 和 De Church（2009）分析了知识共享对技术创新的影响。认为知识共享是技术创新的前提条件，没有知识共享难以实现技术创新，缺乏协同创新的合作难以维持长久。只有实现知识共享，才能准确把握各方的需求并有针对性地进行技术创新，解决产业共性难题。Huang 等（2012）认为，联盟运行过程中不可避免地出现机会主义行为，在机会主义行为动机下，联盟成员为了追求自身利益会对自己的核心知识加以保护和防范。如果能够顺利实现知识共享，那么可以获取需要的核心知识和技术，实现既定目标，促进合作稳定。Tang（2015）研究指出，联盟成员的知识转移效率影响联盟稳定性，知识转移效率越高，合作越顺畅，联盟越稳定。

产业技术创新战略联盟内的知识共享更加强调对自身以外其他联盟成员所拥有知识的获取，其中共享是关键，只有联盟成员之间实现充分的知识共享和技术交流，才能减少研发过程中的不确定性，提高资金的使用效率，提升共享效果，扩大整体收益，维护合作稳定。知识共享与联盟整体目标的顺利实现密切相关，对联盟能否稳定持续运行具有重要影响。基于此，本书提出以下假设：

H9：知识共享对产业技术创新战略联盟稳定性有显著正向影响。

四、知识共享的中介作用

如前所述，关系资本作为一种特有资源，反映着合作双方的关系质量和效果，在联盟合作中发挥着重要作用。基于相互信任、互惠承诺、有效沟通和共同行动的关系资本不仅可以增强联盟成员的相互依赖关系，化解成员之间的矛盾和冲突，降低合作成本，防范机会主义，实现知识和技术的有效共享，推动实现一致性目标和共同利益，而且可以提高共同协作的程度，营造良好的合作氛围，提升联盟整体的凝聚力，推动开展富有成效的合作，维持良好稳定的合作关系。但是良好的关系资源要更充分地发挥效用，还需要依靠组织行动体现直接的价值。正如刘衡、李垣、李西垚和肖婷（2010）所言，关系资本要将自身的价值转化为组织的创新优势，需要通过相关的战略行动对其价值加以利用，如知识转移或分享等。因此，关系资本作为特有资源还需要经过知识合作行为转化为现实的联盟资源，为技术创新奠定基础。在关系资本对产业技术创新战略联盟稳定性的影响关系中，知识共享发挥着关键作用。

首先，联盟成员的相互信任有助于促进共享意愿，降低合作成本。相互信任是联盟成员关系质量的重要体现，只有彼此信任，才相信自己贡献的知识和技术不会被挪用或他人不当获取，降低对已有核心知识的保护戒备，从而更愿意与对方分享知识，共同推进协同创新，维持稳定的合作关系。Panteli 和 Sokalingam（2005）的研究显示，信任会对信息分享和合作关系造成影响。当合作企业出现信任危机时，合作双方都心存芥蒂、互相试探，难以再从对方获取有价值的知识信息，导致的结果就是合作难以维持。与之相反的是如果联盟成员相互信任，那么可以较低的时间和经济成本获取所需的知识，进而提高合作收益和效率，更好地促进双方合作。

其次，联盟成员的互惠承诺有助于开展合作互动，维持长久关系。Morgan 和 Hunt（1994）指出，承诺与信任相辅相成。就感性的态度承诺而言，基于相互信任的联盟成员相信对方不会做出损害自身利益的事，不会轻易采取机会主义行为，于是愿意通过频繁的沟通交流与对方分享知识技术，维护双方利益。同时高度的互惠承诺关系会进一步提升双方的信任和依赖程度，沟通更顺畅，合作也更有效。就理性的制度承诺而言，联盟成员会对合作关系中获得的收益进行评估、预测和计算，如果其从合作中获得的潜在收益符合预期目标时，那么就会主动建立相关的制度以规范双方的权利和义务，维护双方的关系，确保双方在角色定位中努力促成知识共享，推进合作持续稳定。

再次，联盟成员的有效沟通有助于促进知识共享，推进合作创新。沟通是双边合作得以维持和开展的关键要素。缺乏沟通的合作是无法达到预期目的和效果的。联盟成员只有通过沟通才能准确理解对方的看法及其所传递知识的含义和价值，推进知识信息流动，交换分享意见观点，并在沟通中化解分歧，达成一致。Mohr、Fisher 和 Nevin（1996）认为，衡量知识共享的一个关键指标就是有效的沟通和通畅的信息交流。有效的沟通意味着合作双方愿意开辟畅通的沟通渠道，借助有效的沟通途径及时传递相关知识信息，积极寻求解决问题的方案并在密切的沟通过程中培养良好的合作默契。在此过程中，合作双方的认知程度进一步增强，采取机会主义的概率会进一步降低，能够更好地推动知识共享与合作创新。

最后，联盟伙伴的共同行动有助于提高协作程度，实现既定目标。以 Nonaka 为代表的学者研究表明，共同行动意味着合作双方为共同完成一项工作或任务，自愿借助良好的沟通渠道分享观点，交换意见并采取协调互动的方式实现信息、知识等资源的转移和共享。共同行动能够部分消除知识转移和共享的障碍性因素。研究指出，隐性知识不同于一般的资源要素，具有复杂性、默会性等特征，难以通过明确的语言或文字表述进行转移和共享。共同行动能够促成合作各方在共同决策、共同求解的高频次互动接触和交流过程中，培养良好的语言和行为默契，增进双方的友谊和信任，愿意主动将知识提供给对方并更好地领会所传播信息的潜在含义，促进既定目标的实现，推动持续合作与稳定发展。

可见，相互信任、互惠承诺、有效沟通和共同行动能促进联盟间知识共享，推进合作稳定发展。知识共享能促进联盟协同创新持续性合作，是影响产业技术创新战略联盟稳定性的重要因素。关系资本经由知识共享进而影响产业技术创新战略联盟稳定性，表现出中介作用的特性。基于此，本书提出以下假设：

H10：知识共享在相互信任与产业技术创新战略联盟稳定性关系中起中介作用。

H11：知识共享在互惠承诺与产业技术创新战略联盟稳定性关系中起中介作用。

H12：知识共享在有效沟通与产业技术创新战略联盟稳定性关系中起中介作用。

H13：知识共享在共同行动与产业技术创新战略联盟稳定性关系中起中介作用。

五、公平感知的调节效应

公平是人们对于所接受到的公平程度的主观感受，是否感知公平会对个人行为产生影响。在联盟组织中，是否感知公平在维持合作关系中发挥着关键作用。Ring、Vande、Ven、Doz 等学者研究了战略管理领域中的公平与联盟关系，表明公平是评价联盟合作的重要标准，基于公平标准的联盟评价结果将对联盟合作伙伴后续的行为和效果产生直接影响，包括信任、承诺、满意度、关系质量、联盟绩效等。

众多学者研究了供应链企业中的公平感知问题，普遍认为在其他条件不变的情况下，公平感知在维系供应链企业成员长期合作中发挥了积极作用。Anderson 和 Weitz（1989）进一步证实了公平感知对于构建高效的供应链企业成员合作关系所具有的重要影响。Kumar 等（1995）研究了公平在渠道关系质量与合作绩效中的影响，研究表明公平感知对关系质量与合作绩效有正向影响。换句话说，公平感知有助于增强关系质量。企业成员在合作中的公平感受越强，其关系质量水平就越高，合作绩效就越好。由于互惠关系的存在，成员会认为共享是双方一种正常的或日常性行为，更愿意在此基础上维持长期稳定的合作关系。Giffith、Harvey 和 Lusch（2006）研究发现，成员是否感知公平的主观感受会影响其满意度，进而影响信任和承诺。公平感知对长期合作导向与双边关系行为具有积极影响，成员感知公平则愿意进行长期合作，并在合作过程中通过一系列互动行为巩固合作关系。彭雷清和李泉泉（2010）基于中国家电企业研究了公平感知与关系承诺的关系，证明了两者存在的正相关性。总之，公平感知会提升双方的关系质量和关系价值，公平感知越强，越愿意建立和维护良好的关系质量，并愿意在公平的基础上提升合作价值。

Johnson 研究合资企业战略决策过程中程序公平的影响作用时揭示了公平感知对提高联盟承诺的作用。联盟承诺表明合作组织愿意维持合作关系并期望持续下去。在联盟决策的过程中，合作伙伴越自觉遵循公平准则，联盟成员越认为其利益可以得到保证，越愿意加强沟通交流，与合作伙伴共享技术知识，越愿意继续合作，维持双方稳定的合作关系。随着公平感知的增强，联盟成员会认为自己的努力得到了公平的回报，合作满意度会增强，彼此信任度和继续合作的信心也会增强，互动合作的行为会进一步深化，合作关系更趋于稳定。此外，公平感知也表明合作伙伴对组织的尊重，是自己在组织中价值和重要性的体现，在此条件下联盟成员会提高组织承诺，维持稳定的合作关系。

相反，当合作成员存在不公平感时，即使有良好的关系基础，也会做出不利于双边合作的行为。Wathne 和 Heide（2000）指出，不公平感的存在具有负面效应。当感知不公平时，联盟成员会认为其付出与得到不成正比，于是不愿意付出努力或共享已有的知识和技术，往往容易对合作产生怀疑，合作关系的质量会受到影响。Fehr 和 Gachter（2000）认为，当联盟成员存在不公平感时，双方对话会受个体心理的影响而变得更加情绪化，体现在行为上就是可能会采取停止资源或知识共享甚至终止合作以示惩罚，不利于合作关系的维持。研究表明，当联盟成员存在不公平感知时，往往会作出以下两个反应：一是减弱对合作方的信任，通过采取机会主义等行为争取获得更多回报；二是减少资源投入和共享的知识技术，降低继续合作意愿。

产业技术创新战略联盟成员由不同的利益主体构成，公平感知的心理感受会影响合作成效。当联盟成员的不公平感增加时，会做出情绪化反映并表现在行为上，即使双方有良好的关系基础，也会因担心利益受损而使知识分享的动力减弱，从而影响合作的稳定发展。只有联盟成员感知公平时，才认为付出是有回报的，合作过程是遵循规范的，彼此的信任和承诺才会加强，也才更愿意通过沟通互动分享知识和信息，从而维持稳定的合作关系。关系资本对联盟稳定性的影响会随着公平感知程度的增强而加大，公平感知在关系资本对联盟稳定性的影响关系中表现出调节效应。基于此，本书提出以下假设：

H14：公平感知在相互信任与产业技术创新战略联盟稳定性关系中起调节作用。

H15：公平感知在互惠承诺与产业技术创新战略联盟稳定性关系中起调节作用。

H16：公平感知在有效沟通与产业技术创新战略联盟稳定性关系中起调节作用。

H17：公平感知在共同行动与产业技术创新战略联盟稳定性关系中起调节作用。

第三节　研究假设汇总

根据上述分析和所提出的相关假设，本书形成假设汇总，如表 3-1 所示。

表 3-1　研究假设汇总

假设	假设描述
第一组：关系资本与产业技术创新战略联盟稳定性	
H1	相互信任对产业技术创新战略联盟稳定性有直接显著影响
H2	互惠承诺对产业技术创新战略联盟稳定性有直接显著影响
H3	有效沟通对产业技术创新战略联盟稳定性有直接显著影响
H4	共同行动对产业技术创新战略联盟稳定性有直接显著影响
第二组：关系资本与知识共享	
H5	相互信任对知识共享有显著正向影响
H6	互惠承诺对知识共享有显著正向影响

续表

假设	假设描述
H7	有效沟通对知识共享有显著正向影响
H8	共同行动对知识共享有显著正向影响
第三组：知识共享与产业技术创新战略联盟稳定性	
H9	知识共享对产业技术创新战略联盟稳定性有显著正向影响
第四组：知识共享在关系资本与产业技术创新战略联盟稳定性关系中的中介作用	
H10	知识共享在相互信任与产业技术创新战略联盟稳定性关系中起中介作用
H11	知识共享在互惠承诺与产业技术创新战略联盟稳定性关系中起中介作用
H12	知识共享在有效沟通与产业技术创新战略联盟稳定性关系中起中介作用
H13	知识共享在共同行动与产业技术创新战略联盟稳定性关系中起中介作用
第五组：公平感知在关系资本与产业技术创新战略联盟稳定性关系中的调节作用	
H14	公平感知在相互信任与产业技术创新战略联盟稳定性关系中起调节作用
H15	公平感知在互惠承诺与产业技术创新战略联盟稳定性关系中起调节作用
H16	公平感知在有效沟通与产业技术创新战略联盟稳定性关系中起调节作用
H17	公平感知在共同行动与产业技术创新战略联盟稳定性关系中起调节作用

资料来源：笔者自行整理。

第四节　研究框架模型

根据前文的分析和假设，本书从相互信任、互惠承诺、有效沟通和共同行动度量关系资本，基于关系资本、知识共享、公平感知和产业技术创新战略联盟稳定性的关系假设，构建研究框架模型，如图 3-1 所示。

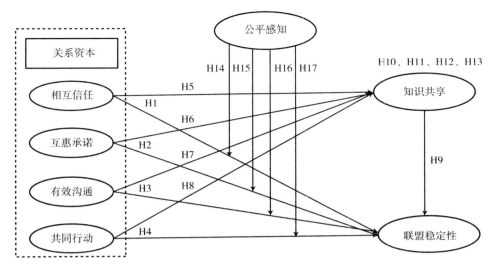

图 3-1　研究框架模型

资料来源：笔者自行绘制。

本章小结

本章在文献回顾的基础上，基于关系资本、知识共享、公平感知和产业技术创新战略联盟稳定性之间的变量关系，提出五组研究假设：

（1）关系资本对产业技术创新战略联盟稳定性的影响关系：相互信任、互惠承诺、有效沟通和共同行动均对产业技术创新战略联盟稳定性有直接显著影响。

（2）关系资本对知识共享的影响关系：相互信任、互惠承诺、有效沟通和共同行动均对知识共享有显著正向影响。

（3）知识共享对产业技术创新战略联盟稳定性有显著正向影响。

（4）知识共享在关系资本与产业技术创新战略联盟稳定性关系中的中介作用：知识共享在相互信任、互惠承诺、有效沟通和共同行动对产业技术创新战略联盟稳定性的影响关系中均发挥中介作用。

（5）公平感知在关系资本与产业技术创新战略联盟稳定性关系中的调节作用：公平感知在相互信任、互惠承诺、有效沟通和共同行动对产业技术创新战略联盟稳定性的影响关系中均发挥调节作用。在此基础上形成具体的假设描述，构建了关系资本、知识共享、公平感知与产业技术创新战略联盟稳定性的关系模型，为实证研究提供理论分析框架。

第四章　研究设计与分析方法

本章根据第三章所提出的研究假设和理论模型，以关系资本为自变量、产业技术创新战略联盟稳定性为因变量、知识共享为中介变量、公平感知为调节变量，对各个变量进行界定，在已有量表的基础上根据研究需要设计初始问卷，利用相关统计方法，通过小样本预测试对量表进行净化和修正，为形成正式问卷奠定基础。

第一节　主要变量的界定与测量

一、自变量

（一）关系资本的界定

随着社会资本理论的发展出现了关系资本这一新的概念。其与人力资本、物质资本等其他生产资本一样，具有资本属性，可通过与其他合作伙伴之间的关系获得增值，因而对企业的生存与发展有重要作用。如第二章所述，关于关系资本的定义和内涵不同学者往往对应不同情境进行相应的阐释。关于关系资本的构成要素也形成了不同的观点，其中信任和承诺是大量学者研究关系资本时广泛接受的两个要素（Kale 等，2000；陈菲琼，2003），即关系资本包括信任和承诺两个维度。后来学者们基于不同的研究需要，开发和拓展了关系资本的若干第三或第四个维度，如尊重（林莉等，2004）、友谊（Villena 等，2011）、专用性投资（Wu 等，2006）、冲突管理（曾德明等，2011）、共同行动（薛卫等，2010）、联结强度（韩兰华，2017）。

本书主要以产业技术创新战略联盟为研究对象，联盟成员来自企业、高校、科研院所或政府等其他不同的利益主体，有不同的利益诉求，其价值观等不尽相同，不同联盟主体之间基于信任和承诺的良好关系，经常进行有效沟通，并且能为着共同的目标而一致行动对于更好地推进联盟合作显得尤为重要。在借鉴 Kale 等（2000）、Cullen（2000）、Carmeli 等（2009）、薛卫等（2010）、Sambasivan 等（2011）、Blonska 等（2013）、包凤耐（2015）、韩兰华（2017）等研究成果的基础上，通过专家调查法进一步梳理关系资本的构成维度。具体程序是对已有研究中关于关系资本的维度内容进行整理归纳形成指标评分表，在事先征得专家同意后采用函询的方式征求来自不同行业且参与产业技术创新战略联盟的五位专家意见（分别是云南农业大学教授 1 位、云南师范大学教授 1 位、云南省农业科学院花卉研究所专家 1 位、云南省药物研究所专家 1 位、贵研铂业股份有限公司中层领导 1 位），然后对专家根据指标重要性判断给出的评分情况采用加权平均进行统计和分析，经过第二轮反馈和征询最终得出一致的意见，从相互信任、互惠承诺、有效沟通和共同行动四个维度来考量关系资本。在此基础上，将产业技术创新战略联盟关系资本定义为：来自不同利益主体的联盟成员以相互信任、互惠承诺、有效沟通和共同行动为特征的紧密合作关系，是联盟成员关系质量的体现。本书强调的关系资本是联盟内部伙伴成员之间形成的信任、承诺、沟通、行动等独特的关系资源，不考虑联盟成员所获取的联盟外部关系资本部分。

（二）关系资本的测量

从第二章可知，学者们普遍认可信任和承诺为关系资本的基本构成维度，在此基础上，不同学者对关系资本其他维度的划分形成了不同的测量指标。本章通过相互信任、互惠承诺、有效沟通和共同行动四个维度来衡量关系资本。为实现对产业技术创新战略联盟关系资本的有效测度，在总结 Kale 等（2000）、Cullen 等（2000）、Carmeli 等（2009）、Liu 等（2010）、Sambasivan 等（2011）、薛卫等（2010）、陆杉（2012）、包凤耐（2015）、韩兰华（2017）等已有成熟量表后，对关系资本的相互信任、互惠承诺、有效沟通和共同行动测量指标进行归纳，根据研究需要整合提出关于关系资本各个维度的初始测量题项，形成初始量表。

1. 相互信任的测量

关于信任的测量有不少研究成果。其中，陆杉（2012）采用六个题项对供应链协同中的信任进行测量。包凤耐（2015）用四个题项测量企业间信任。韩兰华（2017）用七个题项测量联盟成员信任关系。本书以产业技术创新战略联盟为研究对象，主要关注联盟组织成员之间信任关系的测量。在综合借鉴上述量表的基础上，采用四个题项对相互信任进行测量。具体测量题项如表4-1所示。

2. 互惠承诺的测量

承诺是组织或个人诱因的交易成果，是一种对组织的心理感觉。关于承诺的测量，不同学者基于不同的研究需要形成了不同的测量指标。其中，陆杉（2012）在研究关系资本对供应链协同的影响时用五个题项测量承诺。包凤耐（2015）研究企业关系资本时用四个题项测量承诺。韩兰华（2017）用五个题项测量联盟成员的承诺关系。基于上述测量量表，本书采用四个题项对互惠承诺进行测量。具体测量题项如表4-1所示。

3. 有效沟通的测量

沟通是学者们基于信任和承诺两个基本维度而开发的另外一个关系资本维度，贾生华（2007）在研究关系质量对联盟绩效的影响时从沟通有效性和冲突解决两个维度共2个条款对沟通进行测量：双方可以很好地沟通，双方冲突可以有效地解决。季晓芬（2008）在研究团队沟通对团队知识共享的作用机制中，将团队沟通归纳为任务性沟通、私人性沟通与反应性沟通三个方面，并参考了Penley和Hawkins（1985）的测量量表，共设置18个题项。刘衡、李垣、李西垚和肖婷（2010）采用五个题项对组织间沟通进行测量。包凤耐（2015）研究企业关系资本时用四个题项测量沟通。本书基于上述测量量表，根据研究需要采用四个题项对有效沟通进行测量。具体测量题项如表4-1所示。

4. 共同行动的测量

共同行动是学者们开发的关系资本的另外一个构成维度（De Clercq和Sapienza，2006）。薛卫等（2010）在关系资本、组织学习与研发联盟绩效关系的实证研究中，将共同行动作为关系资本的其中一个测量维度，并用"我们和联盟成员能够进行共同决策和共同求解"测量共同行动。Cai（2010）在研究关系资本和组织学习对联盟绩效的影响中，基于Inkpen等（1996）的研究，从现场参观和面对面交流、技术共享和共同解决问题三个方面来衡量共同行动。包凤耐（2015）研究企业关系资本时用四个题项测量共同行动。本书在借鉴上述测量量表的基础上，采用四个题项对共同行动进行测量。具体测量题项如表4-1所示。

表 4-1 自变量测量

序号	题项内容	文献来源
	相互信任	
1	我们信赖合作伙伴的技术专业程度	Kale 等，2000；
2	我们信赖合作伙伴所提供信息的准确性	陆杉，2012；
3	我们信赖合作伙伴不会泄露我们的机密	包凤耐，2015；
4	我们信赖合作伙伴不会因对方疏漏占便宜	韩兰华，2017
	互惠承诺	
1	我们承诺与合作伙伴的合作遵守互惠互利原则	陆杉，2012；
2	我们与合作伙伴致力于保持长久的合作关系	包凤耐，2015；
3	我们与合作伙伴在合作中认真履行承诺和义务	韩兰华，2017
4	我们与合作伙伴愿意为对方实现目标付出额外努力	
	有效沟通	
1	我们与合作伙伴间具有良好的沟通机制	贾生华，2007；
2	我们与合作伙伴分享许多有价值的信息	季晓芬，2008；
3	我们与合作伙伴能够准确理解对方发出的信息	刘衡等，2010；
4	我们与合作伙伴能够保障所传递信息的真实性	包凤耐，2015
	共同行动	
1	我们与合作伙伴有共同的、可共享的目标	De Clercq 和 Sapienza，2006；
2	我们与合作伙伴能够根据目标共同制订行动计划	Cai，2010；
3	我们与合作伙伴能够共同进行决策	薛卫等，2010；
4	我们与合作伙伴能够共同解决问题和冲突	包凤耐，2015

资料来源：笔者根据文献整理。

二、因变量

（一）产业技术创新战略联盟稳定性的界定

本章以产业技术创新战略联盟稳定性为因变量。通过对相关文献梳理发现，目前理论界对战略联盟稳定性的界定尚没有达成一致的认识。关于联盟稳定性的研究主要基于两个路径：一是从状态和结构两个方面来进行探索，将联盟不稳定理解为联盟的解体或结构重组；二是从动态视角，基于联盟成员合作关系质量分析是否继续留在联盟的意愿来判断联盟稳定性。联盟稳定性是联盟动态发展过程中联盟成员合作关系质量的重要体现。本书根据研究需要，基于关系质量的视角，将产业技术创新战略联盟稳定性界定为：联盟系统内部在遭受外界扰动而偏离原来的平衡状态，同时扰动消失后联盟系统仍能恢复到平衡状态的可能性。在多种因素作用下，如果产业技术创新战略联盟盟员不愿破坏整个联盟关系并脱离合作状态，且对未来合作充满信心和期待，那么可以说明联盟处于稳定状态。

（二）产业技术创新战略联盟稳定性的测量

战略联盟稳定性是一个难以测定的概念，对于其操作性定义，学者们基于不同研究视角提出相应的测量指标。其中，李瑞光（2015）从合作满意度和合作意愿两个方面采用 10 个题项对产业技术创新战略联盟稳定性进行测量。蔡继荣（2016）基于合作关系质量视角，采用 12 个题项对我国轿车工业联盟的动态稳定性进行测量等。产业技术创新战略联盟基于资源互补、知识共享、协同创新等目的而组建，多边有效合作能促进联盟稳定运行与发展。基于此，本章遵循合作关系质量视角，在综合前人研究的基础上，主要通过六个题项对产业技术创新战略联盟稳定性进行测量。具体测量题项如表 4-2 所示。

表 4-2　因变量测量

序号	题项内容	文献来源
1	我们与联盟伙伴的合作很愉快	李瑞光，2015；蔡继荣，2016
2	我们对合作成员之间目标达成一致很满意	
3	我们通过联盟合作提高了竞争力	
4	我们通过联盟合作获得了有用的外部知识	
5	我们通过联盟合作 RD 创新能力得到了很大提高	
6	我们希望联盟合作继续维持下去	

资料来源：笔者根据文献整理。

三、中介变量

（一）知识共享的界定

联盟中的知识共享强调组织成员之间的合作行为。知识联盟是一种组织联合和共享知识并交易知识产权的组织间关系行为。本书研究产业技术创新战略联盟成员之间的知识共享，结合前人研究，将知识共享定义为：产业技术创新战略联盟成员对特定知识的交换、吸收、融合与创新的过程。知识共享的主体涉及联盟内部知识提供者和知识接纳者，共享的对象是特定知识，共享的目的是多方个体对知识的共同拥有、共同使用以及共同创新。

（二）知识共享的测量

关于知识共享的测量学者们基于个人或组织层面提出不同的测量指标。其中，刘二亮（2010）基于知识联盟研究知识共享与联盟成员绩效关系时，用五个题项测量知识共享。冯长利（2011）在供应链知识共享影响因素研究中，用九个题项来测量供应链成员间知识共享。姜骞

（2015）用三个指标测量知识共享。王玉丽（2015）研究产业技术创新联盟知识共享时，用四个题项进行测量。本书借鉴前人研究成果，通过六个题项对知识共享进行测量。具体测量题项如表4-3所示。

表4-3　中介变量测量

序号	题项内容	文献来源
1	我们与合作伙伴交流很多产品技术相关知识	刘二亮，2010； 冯长利，2011； 姜骞，2015； 王玉丽，2015
2	我们与合作伙伴交流很多生产流程相关知识	
3	我们与合作伙伴交流一些管理经验	
4	我们与合作伙伴交流本行业最新发展信息	
5	通过合作获取的知识和技术，有利于合作项目的进展	
6	通过合作获取的知识和技术，合作各方能够理解并掌握	

资料来源：笔者根据文献整理。

四、调节变量

（一）公平感知的界定

本书的调节变量为公平感知。从第二章关于公平感知的研究梳理可以看到，公平感知以Adams（1965）的公平激励理论为基础，经历了从最初的分配公平到程序公平再到互动公平的多元分析视角。公平本身是一种心理感受，但是在组织合作中的作用也不容忽视。本书关注产业技术创新战略联盟成员之间的公平感知，根据研究需要，并在总结前人研究的基础上，将公平感知定义为：联盟成员对合作关系是否体现公平性的个人主观感受程度。强调其作为一种氛围因素在维系合作关系中具有的重要作用。

（二）公平感知的测量

在已有研究中，不同学者根据研究需要对公平感知建立了相应分析框架，并提出了相应的测量指标。彭雷清和李泉泉（2011）基于中国家电业，研究经销商公平感知对关系承诺影响时，共采用 10 个题项测量公平感知。本书借鉴 Kumar 等（1995）、Colquitt（2011）、彭雷清和李泉泉（2011）的测量量表，通过五个题项对公平感知进行测量。具体测量题项如表 4-4 所示。

表 4-4　调节变量测量

序号	题项内容	文献来源
1	我们所得与合作中应承担的角色和责任相比是公平的	Kumar、Scheer 和 Steenkamp，1995；
2	我们所得与联盟合作中作出的贡献相比是公平的	
3	联盟合作伙伴不会采取歧视政策对待其他合作伙伴	Luo，2006；
4	联盟合作伙伴有时会根据我们的意见调整政策	Colquitt，2011；
5	联盟合作伙伴的政策变化能向我们进行有效说明	彭雷清和李泉泉，2011

资料来源：笔者根据文献整理。

第二节　调查问卷设计

一、问卷设计原则

为确保问卷能准确、客观地表达测量内容，本书的问卷设计遵循以下三个原则：一是问题切合研究假设的需要，尽量避免题项含混不清，以免被试者不知道该如何理解并作答；二是所提问题尽量不涉及社会禁忌与个人爱好，避免出现问题的暗示作用；三是结合研究背景和语境尽可能使用被试者熟悉和能够理解的简洁语言，慎用否定性措辞和逆向评分。

二、问卷设计程序

在遵循上述问卷设计原则的基础上，主要按照以下三个步骤进行问卷设计：

（1）界定相关变量和题项。在大量文献收集与整理的基础上，提出本书的相关变量和测量题项，结合现有研究中的成熟量表，对变量进行操作化界定和题项设计，主要内容包括关系资本、知识共享、公平感知和产业技术创新战略联盟稳定性。对于各个测量量表，采用 Likert 5 级量表打分方法，测度量表中数字 1~5 依次表示对所阐述的题项内容从完全不同意到完全同意的顺次过渡。

（2）形成初始调查问卷。就提出的问卷题项设计征求相关领域专家意见，结合实际语境进行适当调整，形成预调查初始问卷。

（3）通过小样本预测试，检验量表设计是否合理并对问卷进行净化完善，形成正式调查问卷。

第三节　数据分析方法

一、描述性统计分析方法

根据研究需要，本书将对所收集的数据进行样本特征描述，具体包括被调查者个人信息如性别、工龄、学历、职位等，同时还包括被调查者所在单位信息如单位性质、单位规模、行业类别等。对样本特征进行描述性统计，有助于从总体上把握数据的主要特征和基本情况。

二、信度分析方法

信度主要是检验量表所测结果的一致性、稳定性和可靠性，一般在问卷分析之前需要通过信度检验以确保问卷题项的测量质量。信度分析通常采用的方法是 Cronbach's α 系数。一般来说，Cronbach's α 系数越大，说明量表所测结果越可信（吴明隆，2009）。本书主要采用文献研究常用的 Cronbach's α 系数来检验各变量的信度值，并参照常用标准以 0.7 为可接受的临界值。同时参考题项——总体的相关系数（ITTC），以大于 0.35 为接受标准，综合评价量表数据的可信度。

三、效度分析方法

效度旨在评价测量结果与预定目标之间的差距，反映测量的有效性与正确性（吴明隆，2009）。一般来说，效度越高，表明测试结果越能表明测量对象的本质。常用的效度分析包括内容效度和结构效度。在梳理相关文献的基础上，借鉴已有量表并咨询专家意见，通过小样本预测试修正题项形成正式问卷，符合内容效度要求。结构效度一般借助因子分析来进行检验（吴明隆，2009），通过因子负荷值判断结构效度的高低，因子载荷大于 0.5，视为具有较高的效度。本书借助 Spss22.0 和 Amos22.0 分析软件，分别采用探索性因子和验证性因子分析对预测试小样本和正式样本进行分析检验。

四、因子分析方法

因子分析主要包括探索性因子分析和验证性因子分析。探索性因子分析旨在通过降维以确认量表中的因子结构，验证性因子分析旨在验证量表中的因子结构模型与现实数据的一致性。本书将在小样本预测试中采用探索性因子分析，综合考虑 KMO 值、巴特利特球形检验显著性水平、因子载荷和方差贡献率等指标，探析因子结构和质量。一般认为，如果 KOM 在大于 0.7 的情况下显著，那么可以进行因子分析，因子载荷大于 0.5，视为具有较好的效度（吴明隆，2009），本书遵循这一临界指标。在大样本分析中主要采用验证性因子分析进行效度检验，除标准载荷指标（大于 0.5）外，综合采用潜在变量的组合信度 CR（大于 0.6）和平均方差抽取量 AVE（大于 0.5）以及相关拟合优度指标进行检验。

五、结构方程模型分析方法

结构方程是一种验证性统计方法，其综合因子分析、相关分析和多元回归分析特点，包含测量模型和结构模型。结构方程模型的主要分析思路是预先设定各变量之间的关系，然后运用统计软件进行参数估计和模型求解，根据得出的数据对假设模型进行拟合度判断和效果评价，并得出实证结论。与其他分析方法相比，结构方程模型可以同时处理多个难以直接观测的潜变量并估计测量误差，整体评估模型拟合程度。本书所使用的变量均为潜变量，难以直接进行测量，可借助结构方程模型通过一些观察变量对潜变量进行间接测量。本书参照吴明隆（2009）建议和管理学者常用的做法综合选用以下适配指标进行模型评价，如表 4-5 所示。

表 4-5　模型拟合指标判别标准

主要指标	判断标准	指标来源	备注
X^2/df	<3	Chin 和 Todd（1995）	一般认为，越接近 1，模型拟合越好。大样本时，在 2.0~5.0 也可以接受

续表

主要指标	判断标准	指标来源	备注
RMSEA	<0.08	Hu 和 Bentler（1998）	一般认为，<0.05 时拟合理想，但<0.1 也在可以接受的范围
GFI	>0.9	Browne 和 Cudeck（1993）	一般认为越接近 1 模型拟合越好
RMR	<0.05	Bollen 等（2007）	一般认为<0.03 更为理想
AGFI	>0.9	Hair 等（1998）	一般认为越接近 1 模型拟合越好
NFI	>0.9	Hair 等（1998）	一般认为越接近 1 模型拟合越好
CFI	>0.9	Rentier（1986）	一般认为越接近 1 模型拟合越好
IFI	>0.9	Hair 等（1998）	一般认为越接近 1 模型拟合越好

资料来源：笔者根据文献整理。

第四节　小样本预测试

一、预测试数据收集

为保障正式问卷的有效性，本章以问卷调查方式选取部分云南省产业技术创新战略联盟成员单位进行小样本预测试。为便于收取问卷，主要采用现场发放的方式，以实地走访及向 MBA、EMBA 和 MPA 学员发放问卷的方式获取数据。共发放问卷 85 份，回收 80 份，对于问卷缺答、漏答，选不确定性半数以上等不符合要求的问卷进行剔除，共获取有效调查问卷 69 份，问卷有效率 86.2%。通过信度和效度分析，对问卷进行净化处理，确定最终问卷，为后面的实证分析奠定基础。

二、预测试样本特征描述

关于小样本的特征描述主要包括填表人及其所在单位基本情况。其中，填表人基本信息包括性别、工龄、学历、职位；所在单位基本信息包括单位性质、单位规模、行业类别，具体描述如表4-6所示。从描述中可以总体了解样本的基本情况。

表4-6　小样本填表人及其所在单位基本信息描述

基本信息	类别	样本数量（份）	所占百分比（%）
性别	男	43	62.3
	女	26	37.7
工龄	5年以下	10	14.5
	5~10年	29	42.0
	11~15年	22	31.9
	15年以上	8	11.6
学历	研究生及以上	17	24.6
	本科	40	58.0
	大专	8	11.6
	中专及以下	4	5.8
职位	高层管理者	20	29.0
	中层管理者	36	52.2
	基层人员	9	13.0
	其他	4	5.8
单位性质	高校	18	26.1
	科研院所	19	27.5
	企业	30	43.5
	其他	2	2.9

续表

基本信息	类别	样本数量（份）	所占百分比（%）
单位规模	50 人以下	12	17.4
	50~100 人	17	24.6
	101~500 人	26	37.7
	500 人以上	14	20.3
行业类别	现代服务业	9	13.0
	新兴产业	28	40.6
	现代农业	22	31.9
	民生科技	10	14.5

资料来源：笔者根据 Spss22.0 分析结果整理。

三、预测试分析结果

（一）信度分析

一般认为如果 Cronbach's α 系数达 0.7 以上，可以接受，大于 0.8，表示量表信度理想。信度分析旨在检验题项删除后整体量表信度的一个变化情况。如某一题项删除后，量表整体信度 α 系数升高，说明此题项与其他题项的同质性程度不高，可以考虑删除该题项。

1. 关系资本的信度分析

从表 4-7 可以看出，关系资本量表的总体 Cronbach's α 值为 0.908，在测量量表的 16 个题项中，各测量题项的 Cronbach's α 值均高于 0.7，所有题项的总体相关系数（CITC）都大于 0.35。但是删除 GT4 后有效沟通量表的 Cronbach's α 值将升高至 0.943，所以可考虑删除该题项。

表 4-7　关系资本初始量表信度检验

变量	题项	CITC 值	题项删除后的 α 系数	整体 α 值
相互信任	XR1	0.714	0.857	0.880
	XR2	0.764	0.838	
	XR3	0.770	0.836	
	XR4	0.723	0.861	
互惠承诺	CN1	0.728	0.861	0.885
	CN2	0.772	0.843	
	CN3	0.749	0.852	
	CN4	0.755	0.851	
有效沟通	GT1	0.833	0.861	0.904
	GT2	0.910	0.827	
	GT3	0.888	0.839	
	GT4	0.576	0.943	
共同行动	XD1	0.739	0.799	0.855
	XD2	0.735	0.800	
	XD3	0.713	0.810	
	XD4	0.620	0.848	
总量表的 α 系数				0.908

资料来源：笔者根据 Spss22.0 分析结果整理。

从表 4-8 可以看出，删除 GT4 的题项以后，有效沟通量表的整体 α 值提高到 0.943，关系资本整体量表的整体 α 值升高至 0.916，关系资本测量量表的 15 个题项中，各测量维度及题项的 Cronbach's α 值均高于 0.7，所有题项的总体相关系数（CITC）都大于 0.35，介于 0.620 ~ 0.921，且删除任何一个题项都不会引起整体 α 系数的升高，量表通过信度检验。

表4-8　关系资本量表信度检验

变量	题项	CITC 值	题项删除后的 α 系数	整体 α 值
相互信任	XR1	0.714	0.857	0.880
	XR2	0.764	0.838	
	XR3	0.770	0.836	
	XR4	0.723	0.861	
互惠承诺	CN1	0.728	0.851	0.885
	CN2	0.772	0.843	
	CN3	0.749	0.852	
	CN4	0.755	0.851	
有效沟通	GT1	0.875	0.924	0.943
	GT2	0.921	0.886	
	GT3	0.866	0.936	
共同行动	XD1	0.739	0.799	0.855
	XD2	0.735	0.800	
	XD3	0.713	0.810	
	XD4	0.620	0.848	
总量表的 α 系数				0.916

资料来源：笔者根据 Spss22.0 分析结果整理。

2. 产业技术创新战略联盟稳定性的信度分析

从表4-9可以看出，产业技术创新战略联盟稳定性量表的总体 Cronbach's α 值是 0.949，六个测量题项的 Cronbach's α 值均高于 0.8，较为理想，所有题项的总体相关系数（CITC）都大于 0.35，介于 0.809 ~ 0.883，且删除任何一个题项都不会引起整体 α 系数的升高，说明量表无须删除任何题项，可以通过信度检验。

表4-9　联盟稳定性量表信度检验

变量	题项	CITC 值	题项删除后的 α 系数	整体 α 值
联盟稳定性	WD1	0.883	0.934	0.949
	WD2	0.809	0.944	
	WD3	0.837	0.940	
	WD4	0.847	0.939	
	WD5	0.863	0.937	
	WD6	0.824	0.942	

资料来源：笔者根据 Spss22.0 分析结果整理。

3. 知识共享的信度分析

从表4-10可以看出，知识共享量表的总体 Cronbach's α 值是 0.941，六个测量题项的 Cronbach's α 值均高于 0.7，所有题项的总体相关系数（CITC）都大于 0.35，介于 0.738~0.873，且删除任何一个题项都不会引起整体 α 系数的升高，说明量表无须删除任何题项，可以通过信度检验。

表4-10　知识共享量表信度检验

变量	题项	CITC 值	题项删除后的 α 系数	整体 α 值
知识共享	GX1	0.829	0.930	0.941
	GX2	0.738	0.940	
	GX3	0.856	0.926	
	GX4	0.836	0.929	
	GX5	0.816	0.931	
	GX6	0.873	0.924	

资料来源：笔者根据 Spss22.0 分析结果整理。

4. 公平感知的信度分析

从表4-11可以看出，公平感知量表的总体 Cronbach's α 值是 0.898，五个题项的 Cronbach's α 值均高于 0.7，所有题项的总体相关系数

（CITC）都大于 0.35。但是删除 GP5 后，公平感知量表的 Cronbach's α 值将升高至 0.904，所以可以考虑删除该题项。

表 4-11　公平感知初始量表信度检验

变量	题项	CITC 值	题项删除后的 α 系数	整体 α 值
公平感知	GP1	0.742	0.878	0.898
	GP2	0.843	0.853	
	GP3	0.737	0.879	
	GP4	0.824	0.859	
	GP5	0.611	0.904	

资料来源：笔者根据 Spss22.0 分析结果整理。

从表 4-12 可以看出，删除 GP5 的题项以后，公平感知量表的整体 α 值提高到 0.904，公平感知量表四个测量题项中，各题项的 Cronbach's α 值均高于 0.7，所有题项的总体相关系数（CITC）都大于 0.35，介于 0.727~0.844，且删除任何一个题项都不会引起整体 α 系数升高，量表符合要求，可以通过信度检验。

表 4-12　公平感知量表信度检验

变量	题项	CITC 值	题项删除后的 α 系数	整体 α 值
公平感知	GP1	0.781	0.831	0.904
	GP2	0.844	0.854	
	GP3	0.727	0.901	
	GP4	0.809	0.868	

资料来源：笔者根据 Spss22.0 分析结果整理。

（二）探索性因子分析

进行探索性因子分析时，如果 KMO 值大于 0.7，球体检验的显著性概率为 0.000，说明该样本可以用于因子分析。在探索性因子分析的过程中，一般对测量题项进行筛选的准则有三条：①如果一个题项自成一个因子而不能归于其他任何因子时，需要删除；②如果题项的因子载荷值小于 0.5 时应考虑删除；③题项在所有因子上的载荷值都小于 0.5 或者在多个因子上的载荷大于 0.5 时，应予以删除。筛选之后，如果剩余题项的因子载荷均在 0.5 以上，且累计方差贡献率大于 50%，说明量表满足研究要求。基于此，本书将从因子载荷、累计方差贡献率方面对测量量表的效度进行综合评价。

1. 关系资本的探索性因子分析

从表 4-13 可以看出，关系资本量表的 KMO 值为 0.839，大于 0.7，Bartlett 球形检验显著性水平为 0.000。通过主成分分析法进行特征根大于 1 的因子提取，共提取 4 个因子，数据很好地聚合。因子负荷值均在 0.5 以上，介于 0.704~0.870，累计解释方差贡献率为 77.911%，该量表可以通过效度检验。

表 4-13　关系资本探索性因子分析结果

题项	相互信任	互惠承诺	有效沟通	共同行动
CN1	0.808			
CN2	0.851			
CN3	0.852			
CN4	0.847			
XR1		0.765		
XR2		0.838		
XR3		0.799		
XR4		0.704		
XD1			0.704	
XD2			0.820	

续表

题项	相互信任	互惠承诺	有效沟通	共同行动
XD3			0.789	
XD4			0.706	
GT1				0.848
GT2				0.870
GT3				0.848
抽取方法：主成分分析法（注：因子负荷值未超过 0.5 者未在表中显示）				
KMO 值：0.839				
Bartlett 的球形度检验卡方值：734.118				
显著性水平：0.000				
解释方差：77.911%				

资料来源：笔者根据 Spss22.0 分析结果整理。

2. 产业技术创新战略联盟稳定性的探索性因子分析

对产业技术创新战略联盟稳定性进行探索性因子分析，从表 4-14 可见，联盟稳定性量表的 KMO 值为 0.894，大于 0.7，Bartlett 球形检验显著性水平为 0.000。通过主成分分析法进行特征根大于 1 的因子提取，共提取 1 个因子，每个题项指标对应的最大因子负荷值都在 0.5 以上，介于 0.866~0.922，且累计解释方差贡献率为 79.846%，该量表可以通过效度检验。

表 4-14　联盟稳定性探索性因子分析结果

题项	因子载荷值	KMO 值	球形检验卡方值	显著性水平
WD1	0.922			
WD2	0.866			
WD3	0.888	0.894	384.771	0.000
WD4	0.897			
WD5	0.922			
WD6	0.880			

题项	因子载荷值	KMO 值	球形检验卡方值	显著性水平
抽取方法：主成分分析法				
解释方差：79.846%				

资料来源：笔者根据 Spss22.0 分析结果整理。

3. 知识共享的探索性因子分析

对知识共享进行探索性因子分析，从表4-15可见，知识共享量表的KMO值为0.910，大于0.7，Bartlett球形检验显著性水平为0.000。通过主成分分析法进行特征根大于1的因子提取，共提取1个因子，每个题项指标对应的最大因子负荷值都在0.5以上，介于0.812~0.915，且累计解释方差贡献率为77.425%，该量表可以通过效度检验。

表4-15 知识共享探索性因子分析结果

题项	因子载荷值	KMO 值	球形检验卡方值	显著性水平
GX1	0.883			
GX2	0.915			
GX3	0.903	0.910	347.216	0.000
GX4	0.890			
GX5	0.873			
GX6	0.812			
抽取方法：主成分分析法				
解释方差：77.425%				

资料来源：笔者根据 Spss22.0 分析结果整理。

4. 公平感知的探索性因子分析

对公平感知进行探索性因子分析，从表4-16可见，公平感知量表的KMO值为0.842，大于0.7，Bartlett球形检验显著性水平为0.000。通过主成分分析法进行特征根大于1的因子提取，共提取因子1个，每个题项指标对应的最大因子负荷值都在0.5以上，介于0.841~0.920，且累计解释方差贡献率为 78.292%，该量表可以通过效度检验。

表 4-16　公平感知探索性因子分析结果

题项	因子载荷值	KMO 值	球形检验卡方值	显著性水平
GP1	0.879			
GP2	0.920	0.842	177.199	0.000
GP3	0.841			
GP4	0.898			

抽取方法：主成分分析法

解释方差：78.292%

资料来源：笔者根据分析结果整理。

本章小结

本章基于已有文献和研究需要，首先，对自变量——关系资本、因变量——产业技术创新战略联盟稳定性、中介变量——知识共享、调节变量——公平感知进行界定，设定了各个变量的初始量表和测量题项。其次，遵循问卷设计的相关原则和程序设计问卷题项，在征求相关领域专家意见的基础上形成初始问卷，同时对主要分析方法和评价指标进行介绍和说明。再次，以发放问卷形式收集数据进行小样本预测试，通过内部一致性即 Cronbach's α 值和题项的总体相关系数值对量表题项进行信度检验，通过探索性因子分析对各个变量题项进行效度检验，同时根据检验指标对变量题项进行净化和完善。最后，确定正式问卷量表题项，为下一章的大样本测试和实证分析奠定基础。

第五章　实证检验与结果分析

本章在第四章小样本预测试分析的基础上，进行大样本正式调研和数据分析。借助 Spss22.0、Amos22.0 统计软件对正式施测的样本进行描述性统计分析、信度分析、验证性因子分析，基于结构方程模型和回归分析对本章提出的相关假设和模型进行验证，并对得出的验证结果进行分析和讨论。

第一节　数据收集与样本描述

一、数据收集

本章主要研究产业技术创新战略联盟关系资本、知识共享、公平感知与稳定性的关系，样本选择主要以云南省产业技术创新战略联盟成员为对象，包括企业、高校、科研院所、政府及其他组织，问卷填写主要以管理者、直接从事相关技术研发或负责联盟合作的联络人员为主，通过向其发放问卷，获取相关调研数据。为减少问卷填写者的顾虑，在问卷中专门说明研究的学术目的。具体发放渠道有三个：一是通过学校校友工作办公室提供的校友录，联系校友并讲明本次调研的目的和意义，对于校友所在单位为联盟成员的通过校友渠道向其所在单位发放问卷，问卷主要采取电子邮件传递方式；二是利用学校与云南省科学技术研究院合作的有利平台，经由科技部门渠道向熟识或所辖的产业技术创新战略联盟成员单位发放调查问卷，问卷发放主要采用电子邮件传递方式；三是借助导师和学校相关专家为 MBA、EMBA 和 MPA 培训班授课的帮助，在其课间现场发放并回收问卷。共发放问卷 270 份，收回问卷 232 份。对回收的问卷剔除填写不完整、答案显示明显规律性、选择"不确定"选项超过一半以上的不合格问卷，经过整理最后获得有效问卷 194 份。问卷发放与回收情况如表 5-1 所示。

表 5-1   问卷发放与回收情况

发放数（份）	回收数（份）	有效问卷（份）	回收率（%）	有效率（%）
270	232	194	85.9	83.6

资料来源：笔者自行整理。

二、样本特征描述

对收回的有效问卷进行样本特征描述，主要包括填表人基本信息及其所在单位基本情况。其中，填表人基本信息包括性别、工龄、学历、职位；所在单位基本信息包括单位性质、单位规模、行业类别，具体描述如表 5-2 所示。

表 5-2 正式样本填表人及其所在单位基本信息描述

基本信息	类别	样本数量（人）	所占百分比（%）
性别	男	116	59.8
	女	78	40.2
工龄	5 年以下	27	13.9
	5~10 年	79	40.7
	11~15 年	78	40.2
	15 年以上	10	5.2
学历	研究生及以上	81	41.8
	本科	92	47.4
	大专	13	6.7
	中专及以下	8	4.1
职位	高层管理者	35	18.0
	中层管理者	99	51.0
	基层人员	23	11.9
	其他	37	19.1
单位性质	高校	18	9.3
	科研院所	35	18.0
	企业	120	61.9
	其他	21	10.8
单位规模	50 人以下	44	22.7
	50~100 人	52	26.8
	101~500 人	56	28.9
	500 人以上	42	21.6
行业类别	现代服务业	23	11.9
	新兴产业	78	40.2
	现代农业	64	33.0
	民生科技	29	14.9

资料来源：笔者根据 Spss22.0 分析结果整理。

从表 5-2 可知，从性别来看，男性 116 人，占 59.8%，女性 78 人，占 40.2%。从工龄来看，5 年以下有 27 人，占 13.9%；5~10 年有 79 人，占 40.7%；11~15 年有 78 人，占 40.2%；15 年以上有 10 人，占 5.2%；5~10 年和 11~15 年的人占大多数。从学历来看，研究生及以上有 81 人，占 41.8%；本科有 92 人，占 47.4%；大专有 13 人，占 6.7%；中专及以下有 8 人，占 4.1%；本科及研究生以上学历为主。从职位来看，高层管理者有 35 人，占 18.0%；中层管理者有 99 人，占 51.0%；基层人员有 23 人，占 11.9%；其他有 37 人，占 19.1%；中层管理者占大多数，能保证较好地了解基本信息。从单位性质来看，高校有 18 人，占 9.3%；科研院所有 35 人，占 18.0%；企业有 120 人，占 61.9%；其他有 21 人，占 10.8%，企业的样本最多。从单位规模来看，50 人以下有 44 人，占 22.7%；50~100 人有 52 人，占 26.8%；101~500 人有 56 人，占 28.9%；500 人以上有 42 人，占 21.6%。从行业类别来看，现代服务业有 23 人，占 11.9%；新兴产业有 78 人，占 40.2%；现代农业有 64 人，占 33.0%；民生科技有 29 人，占 14.9%。

第二节　信度与效度分析

信度和效度是衡量问卷质量好坏的两个重要条件，本章所使用的量表基于已有文献量表并在小样本预测试的基础上进行了净化和完善。但是为了保证量表的科学性和准确性，仍有必要对大样本所用量表进行信度和效度检验。其中信度分析中各题项的 Cronbach's α 系数大于 0.7，各题项的 CICT 值大于 0.35，即表明量表通过信度检验。效度分析主要通过验证性因子分析来检验，各题项标准载荷值大于 0.5，CR 大于 0.6，AVE 大于 0.5，拟合指数达到设定标准，即表明量表通过效度检验。

一、信度分析

（一）关系资本的信度分析

从表5-3可以看出，关系资本量表的总体Cronbach's α值是0.933，其中相互信任、互惠承诺、有效沟通、共同行动的Cronbach's α值分别为0.897、0.916、0.935、0.895，都大于0.8，各个题项的Cronbach's α值也大于0.8，CICT值均高于0.35的合理接受标准值。表明关系资本四个维度的量表通过信度检验。

表5-3　关系资本的信度检验

变量	题项	CITC值	题项删除后的Cronbach's α系数	整体α值
相互信任	XR1	0.736	0.880	0.897
	XR2	0.766	0.870	
	XR3	0.805	0.855	
	XR4	0.780	0.864	
互惠承诺	CN1	0.807	0.892	0.916
	CN2	0.826	0.885	
	CN3	0.832	0.883	
	CN4	0.770	0.904	
有效沟通	GT1	0.736	0.913	0.935
	GT2	0.758	0.905	
	GT3	0.768	0.900	
共同行动	XD1	0.773	0.864	0.895
	XD2	0.787	0.859	
	XD3	0.787	0.858	
	XD4	0.727	0.880	
总量表的α系数			0.933	

资料来源：笔者根据Spss22.0分析结果整理。

（二）产业技术创新战略联盟稳定性的信度分析

从表5-4可以看出，产业技术创新战略联盟稳定性量表的总体Cronbach's α值是0.936，各个题项的Cronbach's α值也大于0.8，CICT值均高于0.35的合理接受标准值。表明联盟稳定性的量表通过信度检验。

表5-4　联盟稳定性的信度检验

变量	题项	CITC值	题项删除后的 Cronbach's α 系数	整体 α 值
联盟稳定性	WD1	0.857	0.918	0.936
	WD2	0.782	0.928	
	WD3	0.799	0.925	
	WD4	0.825	0.922	
	WD5	0.812	0.924	
	WD6	0.785	0.927	

资料来源：笔者根据Spss22.0分析结果整理。

（三）知识共享的信度分析

从表5-5可以看出，知识共享量表的总体Cronbach's α值是0.928，各个题项的Cronbach's α值也大于0.8，CICT值均高于0.35的合理接受标准值。表明知识共享的量表通过信度检验。

表 5-5　知识共享的信度检验

变量	题项	CITC 值	题项删除后的 Cronbach's α 系数	整体 α 值
知识共享	GX1	0.765	0.919	0.928
	GX2	0.825	0.911	
	GX3	0.803	0.914	
	GX4	0.805	0.914	
	GX5	0.708	0.926	
	GX6	0.848	0.908	

资料来源：笔者根据 Spss22.0 分析结果整理。

（四）公平感知的信度分析

从表 5-6 可以看出，公平感知量表的总体 Cronbach's α 值是 0.912，各个题项的 Cronbach's α 值也大于 0.8，CICT 值均高于 0.35 的合理接受标准值。表明公平感知的量表通过信度检验。

表 5-6　公平感知的信度检验

变量	题项	CITC 值	题项删除后的 Cronbach's α 系数	整体 α 值
公平感知	GP1	0.792	0.890	0.912
	GP2	0.813	0.881	
	GP3	0.828	0.876	
	GP4	0.770	0.897	

资料来源：笔者根据 Spss22.0 分析结果整理。

二、验证性因子分析

在预测试探索性因子分析的基础上，可采用验证性因子分析检验大样本数据量表的聚合效度和区分效度（吴明隆，2009），如果潜在变量的组合信度 CR（Composite Reliability）大于 0.6，表示模型内在质量理想；平均方差抽取量（Average Variance Extracted，AVE）是潜在变量可以解释其指标变量变异量的比值，一般的判别标准是 AVE 大于 0.5；同时题项的标准化因子载荷值应大于 0.5，显著性水平 P<0.05（＊表示 P<0.05，＊＊表示 P<0.01，＊＊＊表示 P<0.001），本书综合考虑这些指标来判断量表的效度。

（一）关系资本的验证性因子分析

从图 5-1 和表 5-7 可以看出，关系资本四个维度测量题项的标准化因子载荷值大于 0.5，p<0.001，均通过显著性检验。$\chi^2/df = 2.691$，小于 5；RMSEA＝0.079，小于 0.08；RMR＝0.026，小于 0.03；GFI＝0.900、AGFI＝0.897、NFI＝0.930、IFI＝0.955、CFI＝0.954，除 AGFI 接近 0.9 以外，其余指标均大于 0.9；相互信任、互惠承诺、有效沟通和共同行动量表的 CR 值分别为 0.876、0.918、0.919 和 0.894，大于 0.6；AVE 值分别为 0.604、0.736、0.791 和 0.679，大于 0.5。综合以上检验结果，模型聚合效度基本可以接受。说明关系资本可以从相互信任、互惠承诺、有效沟通和共同行动四个维度进行测量。

表 5-7　关系资本验证性因子分析结果

变量	题项	标准化因子负荷	标准误差（SE）	临界比（C. R）	显著性 P	组合信度（CR）	平均变异数抽取量（AVE）
相互信任	XR1	0.750	—	—	—	0.876	0.604
	XR2	0.786	0.086	12.920	***		
	XR3	0.840	0.084	13.831	***		
	XR4	0.820	0.086	13.501	***		

续表

变量	题项	标准化因子负荷	标准误差（SE）	临界比（C.R）	显著性 P	组合信度（CR）	平均变异数抽取量（AVE）
互惠承诺	CN1	0.859	—	—	—	0.918	0.736
	CN2	0.874	0.052	18.899	***		
	CN3	0.884	0.052	19.253	***		
	CN4	0.813	0.052	16.719	***		
有效沟通	GT1	0.883	—	—	—	0.919	0.791
	GT2	0.887	0.054	20.315	***		
	GT3	0.897	0.047	20.717	***		
共同行动	XD1	0.851	—	—	—	0.894	0.679
	XD2	0.830	0.055	16.666	***		
	XD3	0.824	0.057	16.500	***		
	XD4	0.789	0.054	15.441	***		
拟合指标	$\chi^2/df = 2.691$，RMSEA = 0.079，RMR = 0.026，GFI = 0.900，AGFI = 0.897，NFI = 0.930，IFI = 0.955，CFI = 0.954						

注：*** 表示 P<0.001。

资料来源：笔者根据 Amos22.0 分析结果整理。

（二）产业技术创新战略联盟稳定性的验证性因子分析

从图5-2和表5-8可以看出，产业技术创新战略联盟稳定性因子结构得到验证，各测量题项的标准化因子载荷值大于0.5，P<0.001，通过显著性检验。$\chi^2/df = 2.516$，小于5；RMSEA = 0.071，小于0.08；RMR = 0.013，小于0.03；GFI = 0.976、AGFI = 0.943、NFI = 0.984、IFI = 0.990、CFI = 0.990，均大于0.9；联盟稳定性量表的 CR 值为0.936，大于0.6；AVE 值为0.709，大于0.5。综合以上分析结果，说明模型具有较好的聚合效度，可以通过检验。

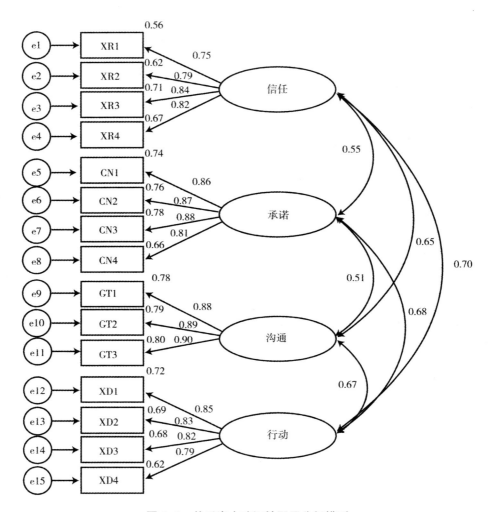

图 5-1　关系资本验证性因子分析模型

资料来源：笔者根据 Amos22.0 输出结果绘制。

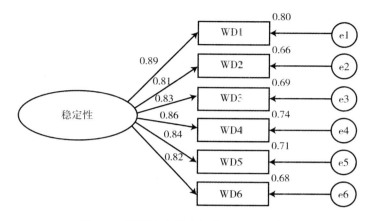

图 5-2　联盟稳定性验证性因子分析模型

资料来源：笔者根据 Amos22.0 输出结果绘制。

表 5-8　联盟稳定性验证性因子分析结果

变量	题项	标准化因子负荷	标准误差（SE）	临界比（C.R）	显著性 P	组合信度（CR）	平均变异数抽取量（AVE）
联盟稳定性	WD1	0.893	—	—	—	0.936	0.709
	WD2	0.812	0.050	18.800	***		
	WD3	0.830	0.048	19.626	***		
	WD4	0.858	0.045	20.974	***		
	WD5	0.840	0.048	20.083	***		
	WD6	0.823	0.047	19.309	***		
拟合指标	$\chi^2/df = 2.516$，RMSEA = 0.071，RMR = 0.013，GFI = 0.976，AGFI = 0.943，NFI = 0.984，IFI = 0.990，CFI = 0.990						

注：***表示 P<0.001。

资料来源：笔者根据 Amos22.0 分析结果整理。

（三）知识共享的验证性因子分析

从图 5-3 和表 5-9 可以看出，知识共享因子结构得到验证，各测量题项的标准化因子载荷值大于 0.5，P<0.001，通过显著性检验。$\chi^2/df =$

2.298，小于 5；RMSEA = 0.069，小于 0.08；RMR = 0.014，小于 0.03；GFI = 0.983、AGFI = 0.949、NFI = 0.987、IFI = 0.993、CFI = 0.993，均大于 0.9；知识共享量表的 CR 值为 0.921，大于 0.6；AVE 值为 0.660，大于 0.5。综合以上分析结果，说明模型具有较好的聚合效度，可以通过检验。

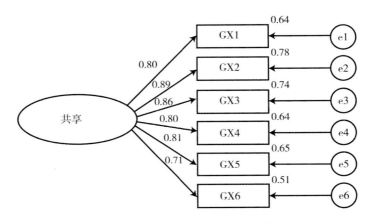

图 5-3　知识共享验证性因子分析模型

资料来源：笔者根据 Amos22.0 输出结果绘制。

表 5-9　知识共享验证性因子分析结果

变量	题项	标准化因子负荷	标准误差（SE）	临界比（C. R）	显著性 P	组合信度（CR）	平均变异数抽取量（AVE）
知识共享	GX1	0.803	—	—	—	0.921	0.660
	GX2	0.886	0.067	17.133	***		
	GX3	0.858	0.065	16.401	***		
	GX4	0.799	0.061	14.872	***		
	GX5	0.806	0.061	15.056	***		
	GX6	0.713	0.062	12.817	***		
拟合指标	$\chi^2/df = 2.298$，RMSEA = 0.069，RMR = 0.014，GFI = 0.983，AGFI = 0.949，NFI = 0.987，IFI = 0.993，CFI = 0.993						

注：*** 表示 P<0.001。

资料来源：笔者根据 Amos22.0 分析结果整理。

（四）公平感知的验证性因子分析

从图 5-4 和表 5-10 可以看出，公平感知的因子结构得到验证，各测量题项的标准化因子载荷值大于 0.5，P<0.001，通过显著性检验。$\chi^2/df = 3.929$，小于 5；RMSEA = 0.094，小于 0.1；RMR = 0.026，小于 0.03；GFI = 0.912、AGFI = 0.901、NFI = 0.913、IFI = 0.915、CFI = 0.915，均大于 0.9；公平感知量表的 CR 值为 0.913，大于 0.6；AVE 值为 0.723，大于 0.5。综合以上分析结果，说明模型的聚合效度可以通过检验。

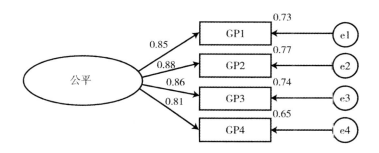

图 5-4 公平感知验证性因子分析模型

资料来源：笔者根据 Amos22.0 输出结果绘制。

表 5-10 公平感知验证性因子分析结果

变量	题项	标准化因子负荷	标准误差（SE）	临界比（C.R）	显著性 P	组合信度（CR）	平均变异数抽取量（AVE）
公平感知	GP1	0.853	—	—	***	0.913	0.723
	GP2	0.879	0.057	19.278	***		
	GP3	0.862	0.06	18.743	***		
	GP4	0.807	0.061	16.878	***		

续表

变量	题项	标准化因子负荷	标准误差（SE）	临界比（C.R）	显著性 P	组合信度（CR）	平均变异数抽取量（AVE）
拟合指标	$\chi^2/df = 3.929$，RMSEA = 0.094，RMR = 0.026，GFI = 0.912，AGFI = 0.901，NFI = 0.913，IFI = 0.915，CFI = 0.915						

注：***表示 P<0.001。

资料来源：笔者根据 Amos22.0 分析结果整理。

第三节　研究假设与模型检验

在对量表的信度和效度进行检验的基础上，将利用结构方程模型对提出的假设和模型进行验证。主要思路是先对初始模型进行检验，在此基础上进一步分析中介效应，根据研究需要和分析结果对模型进行适当修正，同时利用回归分析对调节效应进行检验。

一、数据正态评估

在进行结构方程模型分析之前，一般需要进行正态性评估。从表 5-11 的输出结果可以看出，所有指标变量的偏度系数（skew）绝对值小于 3，介于 0.412~1.110；峰度系数（kurtosis）绝对值小于 10，介于 0.033~1.445，表明数据符合正态分布，本书采用极大似然估计法进行结构方程模型检验。

表 5-11 数据正态性评估

Variable	min	max	skew	c. r.	kurtosis	c. r.
WD6	1.000	5.000	-0.794	-5.623	0.463	1.639
WD5	2.000	5.000	-0.902	-6.388	0.394	1.396
WD4	2.000	5.000	-0.774	-5.484	0.374	1.325
WD3	2.000	5.000	-0.619	-4.387	-0.115	-0.408
WD2	1.000	5.000	-0.854	-6.051	0.424	1.503
WD1	2.000	5.000	-0.625	-4.424	-0.050	-0.177
GX6	1.000	5.000	-0.989	-7.002	0.966	3.420
GX5	2.000	5.000	-0.412	-2.918	-0.103	-0.364
GX4	1.000	5.000	-0.801	-5.675	0.978	3.465
GX3	1.000	5.000	-0.951	-6.733	1.371	4.854
GX2	1.000	5.000	-1.054	-7.465	1.445	5.118
GX1	1.000	5.000	-0.918	-6.503	0.871	3.084
XD4	1.000	5.000	-0.906	-6.417	1.322	4.682
XD3	1.000	5.000	-0.663	-4.697	0.724	2.564
XD2	1.000	5.000	-0.671	-4.751	0.342	1.211
XD1	1.000	5.000	-0.775	-5.489	0.754	2.669
GT3	1.000	5.000	-0.748	-5.297	0.727	2.574
GT2	1.000	5.000	-0.523	-3.703	0.033	0.117
GT1	1.000	5.000	-0.936	-6.627	1.062	3.760
CN4	1.000	5.000	-0.846	-5.989	0.997	3.531
CN3	1.000	5.000	-0.875	-6.199	0.642	2.275
CN2	1.000	5.000	-0.756	-5.358	0.549	1.945
CN1	1.000	5.000	-1.100	-7.788	1.371	4.854
XR4	1.000	5.000	-0.751	-5.322	0.622	2.201
XR3	1.000	5.000	-0.611	-4.326	0.571	2.023
XR2	1.000	5.000	-0.752	-5.323	0.368	1.303
XR1	2.000	5.000	-0.528	-3.740	-0.036	-0.126
Multivariate					41.762	9.155

资料来源：笔者根据 Amos22.0 分析结果整理。

二、初始模型检验

为进一步了解关系资本、知识共享与产业技术创新战略联盟稳定性的关系，根据第三章研究假设构建的理论框架，借助 Amos22.0 分析软件，构建关系资本、知识共享与产业技术创新战略联盟稳定性影响机制的初始模型路径图，如图 5-5 所示，得出初始模型计算后的分析结果，如表 5-12 所示。

表 5-12　初始模型分析结果

路径			非标准化	S. E.	C. R.	P	标准化
共享	<---	信任	0.363	0.053	6.851	***	0.332
共享	<---	承诺	0.218	0.040	5.503	***	0.257
共享	<---	沟通	0.187	0.037	5.091	***	0.222
共享	<---	行动	0.275	0.056	4.882	***	0.297
稳定性	<---	信任	0.110	0.055	0.981	0.326	0.093
稳定性	<---	承诺	0.015	0.039	0.386	0.699	0.017
稳定性	<---	沟通	0.199	0.037	5.440	***	0.219
稳定性	<---	行动	0.118	0.055	2.137	0.033	0.119
稳定性	<---	共享	0.647	0.092	7.012	***	0.604
XR1	<---	信任	1.000	—	—	—	0.791
XR2	<---	信任	1.086	0.071	15.322	***	0.812
XR3	<---	信任	1.141	0.070	16.333	***	0.855
XR4	<---	信任	1.162	0.071	16.363	***	0.856
CN1	<---	承诺	1.000				0.864
CN2	<---	承诺	0.945	0.048	19.750	***	0.867
CN3	<---	承诺	1.001	0.049	20.402	***	0.883

续表

路径			非标准化	S. E.	C. R.	P	标准化
CN4	<---	承诺	0.864	0.049	17.572	***	0.810
GT1	<---	沟通	1.000	—	—	—	0.907
GT2	<---	沟通	1.044	0.043	24.351	***	0.902
GT3	<---	沟通	0.973	0.038	25.674	***	0.923
XD1	<---	行动	1.000	—	—	—	0.842
XD2	<---	行动	0.925	0.053	17.466	***	0.833
XD3	<---	行动	0.953	0.053	17.854	***	0.845
XD4	<---	行动	0.914	0.057	16.052	***	0.788
GX1	<---	共享	1.000	—	—	—	0.812
GX2	<---	共享	1.032	0.056	18.330	***	0.869
GX3	<---	共享	0.936	0.054	17.271	***	0.835
GX4	<---	共享	0.940	0.054	17.403	***	0.839
GX5	<---	共享	0.844	0.058	14.557	***	0.740
GX6	<---	共享	1.090	0.059	18.550	***	0.875
WD1	<---	稳定性	1.000	—	—	—	0.887
WD2	<---	稳定性	0.974	0.049	19.682	***	0.827
WD3	<---	稳定性	0.929	0.048	19.374	***	0.820
WD4	<---	稳定性	0.947	0.045	21.065	***	0.855
WD5	<---	稳定性	0.961	0.048	20.214	***	0.838
WD6	<---	稳定性	0.929	0.047	19.814	***	0.830
拟合指标			$\chi^2/df = 1.951$，RMSEA = 0.056，RMR = 0.024，GFI = 0.871，AGFI = 0.842，NFI = 0.922，IFI = 0.961，CFI = 0.960				

注：*** 表示 P<0.001。

资料来源：笔者根据 Amos22.0 分析结果整理。

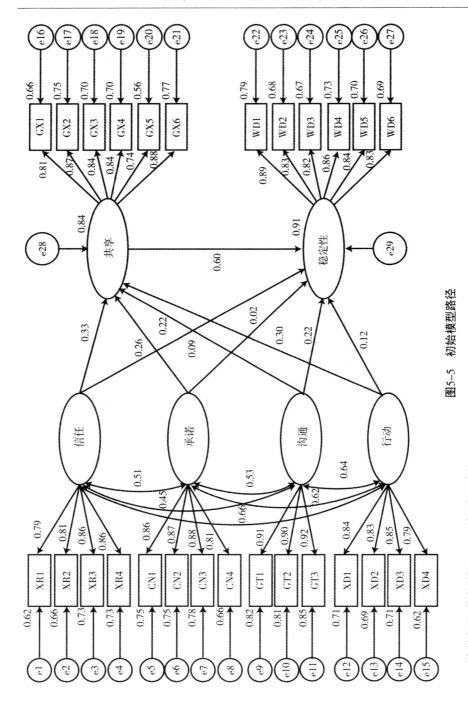

图5-5 初始模型路径

资料来源：笔者根据Amos22.0输出结果绘制。

从模型输出结果来看，$\chi^2/df = 1.951$，小于 5；RMSEA = 0.056，小于 0.1；RMR = 0.024，小于 0.03；GFI = 0.871、AGFI = 0.842、NFI = 0.922、IFI = 0.961、CFI = 0.960，除 GFI 和 AGFI 小于 0.9 外，其余指标符合要求。从路径系数来看，"信任对稳定性"和"承诺对稳定性"影响的路径系数分别为 0.093（P = 0.326）和 0.017（P = 0.699），未通过显著性 P < 0.05 的检验，即在 P < 0.05 的水平上不具备统计显著性，信任和承诺对产业技术创新战略联盟稳定性具有直接显著影响的假设即 H1 和 H2 未得到验证。"行动对稳定性"影响的路径系数为 0.119（P = 0.033），显著性水平 P < 0.05，H4 得到验证。"沟通对稳定性""信任对共享""承诺对共享""沟通对共享""行动对共享""共享对稳定性"影响的路径系数分别为 0.219、0.332、0.257、0.222、0.297、0.604，均在 P < 0.001 的水平上表现出显著性水平。H3、H5、H6、H7、H8、H9 得到验证。为进一步了解个别路径不显著的问题，接下来先对中介效应进行检验，以弄清不显著的原因是否与中介有关，然后再考虑模型是否需要修正。

三、中介作用检验

（一）中介作用的检验程序

在自变量对因变量的影响关系中，中介变量往往扮演着重要的角色，有助于揭示自变量对因变量的作用机制和影响机理（Baron 和 Kenny，1986）。所谓中介变量就是自变量 X 对因变量 Y 的影响需要借助某中介变量 M 来实现，则该变量称为中介变量（温忠麟等，2004）。如图 5-6 所示。

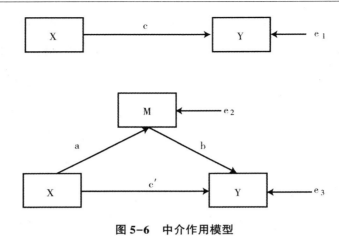

图 5-6　中介作用模型

资料来源：笔者引自温忠麟等（2004）。

对于中介作用的检验程序，主要根据温忠麟等（2004）提出的程序和步骤进行。首先，检验自变量 X 对因变量 Y 的影响系数 c，如果显著就进行下一步中介作用检验，如果不显著就停止对中介作用的检验。其次，做中介效应检验，在系数 c 显著的情况下，依次检验自变量 X 对中介变量 Y、中介变量 M 对因变量 Y 的影响系数 a 和 b，如果 a 和 b 都显著，那么继续检验自变量对因变量的影响系数 c′；如果 a 和 b 中有一个不显著，那么需要进行 Sobel 检验，检验统计量 z 值；如果 z 值显著，那么表现为部分中介作用；如果 Z 值不显著，那么表示无中介作用。最后，看检验系数 c′，如果显著，那么表现为部分中介作用；如果不显著，那么表现为完全中介作用。详细操作步骤如图 5-7 所示。

（二）中介作用的检验

本书认为，知识共享在关系资本各个维度与产业技术创新战略联盟稳定性的影响关系中发挥中介作用。下面将按照温中麟等（2004）提出的中介作用检验程序依次进行检验。

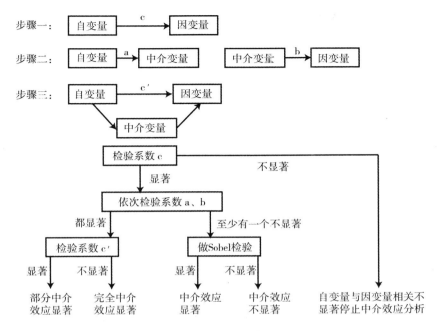

图 5-7　中介作用的检验程序

资料来源：笔者根据温忠麟等（2004）研究整理绘制。

1. 自变量与因变量

检验自变量对因变量的影响系数 c。将自变量相互信任、互惠承诺、有效沟通和共同行动与因变量产业技术创新战略联盟稳定性进行检验分析。从表 5-13 可以看出，相互信任、互惠承诺、有效沟通和共同行动对联盟稳定性影响系数分别为 0.732、0.706、0.765 和 0.831，均在 P < 0.001 的水平上显著，表明联盟稳定性可以由自变量相互信任、互惠承诺、有效沟通和共同行动四个维度来解释，各变量之间具备统计显著性，可以继续进行检验。

表 5-13 自变量对因变量的影响系数 c 检验

自变量	因变量	系数 c	显著性 P
相互信任	联盟稳定性	0.732	***
互惠承诺	联盟稳定性	0.706	***
有效沟通	联盟稳定性	0.765	***
共同行动	联盟稳定性	0.831	***

注：***表示 P<0.001。

资料来源：笔者根据分析结果整理。

2. 自变量与中介变量

检验自变量对中介变量的影响系数 a。将自变量相互信任、互惠承诺、有效沟通和共同行动与中介变量知识共享进行分析。从表 5-14 可看出，相互信任、互惠承诺、有效沟通和共同行动对知识共享的影响系数分别为 0.673、0.729、0.724 和 0.702，均在 P<0.001 的水平上显著。

表 5-14 自变量对中介变量的影响系数 a 检验

自变量	中介变量	系数 a	显著性 P
相互信任	知识共享	0.673	***
互惠承诺	知识共享	0.729	***
有效沟通	知识共享	0.724	***
共同行动	知识共享	0.702	***

注：***表示 p<0.001。

资料来源：笔者根据分析结果整理。

3. 中介变量与因变量

检验中介变量对因变量的影响系数 b。将中介变量知识共享与因变量产业技术创新战略联盟稳定性进行分析。从表 5-15 可看出，知识共享对联盟稳定性影响系数为 0.844，在 P<0.001 的水平上显著。

表 5-15　中介变量对因变量的影响系数 b 检验

中介变量	因变量	系数 b	显著性 P
知识共享	联盟稳定性	0.844	***

注：*** 表示 P<0.001。

资料来源：笔者根据分析结果整理。

4. 检验自变量对因变量的影响系数 c'

根据温忠麟等（2004）中介作用的检验步骤，在对相互信任、互惠承诺、有效沟通和共同行动进行系数 a、b 的显著性检验时，均表现为显著。因此，进入第三步检验系数 c' 的显著性，结果如表 5-16 所示。

表 5-16　加入中介变量后自变量对因变量的影响系数 c' 检验

自变量	因变量	系数 c'	显著性 P	系数 c	显著性 P
相互信任	联盟稳定性	0.007	0.904	0.732	***
互惠承诺	联盟稳定性	0.037	0.452	0.706	***
有效沟通	联盟稳定性	0.202	***	0.765	***
共同行动	联盟稳定性	0.162	0.0?	0.831	***

注：*** 表示 P<0.001。

资料来源：笔者根据分析结果整理。

从表 5-16 可以看出，加入中介变量后，自变量对因变量的影响系数 c' 分别为：相互信任对联盟稳定性的影响系数由 0.732 降为 0.007，显著性水平由 P<0.001 变为不显著；互惠承诺对联盟稳定性的影响系数由 0.706 降为 0.037，显著性水平由 P<0.001 变为不显著；有效沟通对联盟稳定性影响的显著性水平依然为 P<0.001，但影响系数由 0.765 降为 0.202；共同行动对联盟稳定性的影响系数由 0.831 降为 0.162，显著性水平由 P<0.001 变为 P<0.05。

依据温忠麟等（2004）对中介作用的判断标准，可以得出以下两个结论：①在相互信任、互惠承诺对产业技术创新战略联盟稳定性的影响关系中，知识共享发挥完全中介作用，H10 和 H11 得到验证；②在有效沟通、共同行动对产业技术创新战略联盟稳定性的影响关系中，知识共享发挥部分中介作用，H12 和 H13 得到验证。知识共享在相互信任、互惠承诺、有效沟通和共同行动对产业技术创新战略联盟稳定性影响关系中的中介作用如图 5-8 所示。

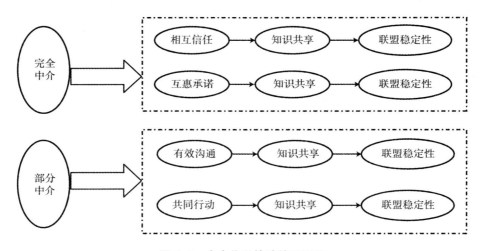

图 5-8　中介作用检验结果汇总

资料来源：笔者自行整理。

四、模型修正

根据上述分析可知，在初始模型中相互信任、互惠承诺对产业技术创新战略联盟稳定性的影响路径不显著与知识共享在其中扮演中介作用有关。即相互信任和互惠承诺不能直接对产业技术创新战略联盟稳定性产生影响，需要经过知识共享发挥中介作用后产生影响。温忠麟等（2004）指出，对于拟合效果不理想的初始模型，可通过模型扩展即释放部分受限路径或添加新路径使模型结果更加合理，也可通过模型限制，即通过删除某些不具有显著性的路径使模型结构更加简洁。综合初始模型的拟合指标及中介效应分析结果，考虑通过删除不显著路径对初始模型进行适当修正，结果如图5-9、表5-17和表5-18所示。

表5-17 修正模型分析结果

路径			非标准化	S. E.	C. R.	P	标准化
共享	<---	信任	0.381	0.052	7.262	***	0.348
共享	<---	承诺	0.217	0.038	5.640	***	0.256
共享	<---	沟通	0.187	0.036	5.143	***	0.221
共享	<---	行动	0.266	0.056	4.797	***	0.287
稳定性	<---	沟通	0.178	0.036	5.008	***	0.196
稳定性	<---	行动	0.125	0.056	2.234	0.025	0.125
稳定性	<---	共享	0.752	0.073	10.298	***	0.701
XR1	<---	信任	1.000	—	—	—	0.790
XR2	<---	信任	1.086	0.071	15.292	***	0.812
XR3	<---	信任	1.142	0.070	16.324	***	0.855
XR4	<---	信任	1.163	0.071	16.365	***	0.857
CN1	<---	承诺	1.000	—	—	—	0.864
CN2	<---	承诺	0.945	0.048	19.745	***	0.867
CN3	<---	承诺	1.001	0.049	20.404	***	0.883
CN4	<---	承诺	0.864	0.049	17.574	***	0.810
GT1	<---	沟通	1.000	—	—	***	0.907

路径			非标准化	S. E.	C. R.	P	标准化
GT2	<---	沟通	1.045	0.043	24.372	***	0.902
GT3	<---	沟通	0.973	0.038	25.654	***	0.923
XD1	<---	行动	1.000	—	—	***	0.842
XD2	<---	行动	0.925	0.053	17.459	***	0.833
XD3	<---	行动	0.954	0.053	17.847	***	0.845
XD4	<---	行动	0.915	0.057	16.048	***	0.788
GX1	<---	共享	1.000	—	—	***	0.812
GX2	<---	共享	1.029	0.056	18.288	***	0.867
GX3	<---	共享	0.936	0.054	17.271	***	0.835
GX4	<---	共享	0.940	0.054	17.407	***	0.839
GX5	<---	共享	0.845	0.058	14.596	***	0.741
GX6	<---	共享	1.087	0.059	18.474	***	0.872
WD1	<---	稳定性	1.000	—	—	***	0.887
WD2	<---	稳定性	0.973	0.050	19.645	***	0.826
WD3	<---	稳定性	0.930	0.048	19.421	***	0.822
WD4	<---	稳定性	0.948	0.045	21.088	***	0.856
WD5	<---	稳定性	0.961	0.048	20.208	***	0.838
WD6	<---	稳定性	0.928	0.047	19.772	***	0.829
拟合指标	$\chi^2/df = 1.823$，RMSEA = 0.052，RMR = 0.021，GFI = 0.905，AGFI = 0.901，NFI = 0.929，IFI = 0.966，CFI = 0.966						

注：***表示 P<0.001。

资料来源：笔者根据 Amos22.0 分析结果整理。

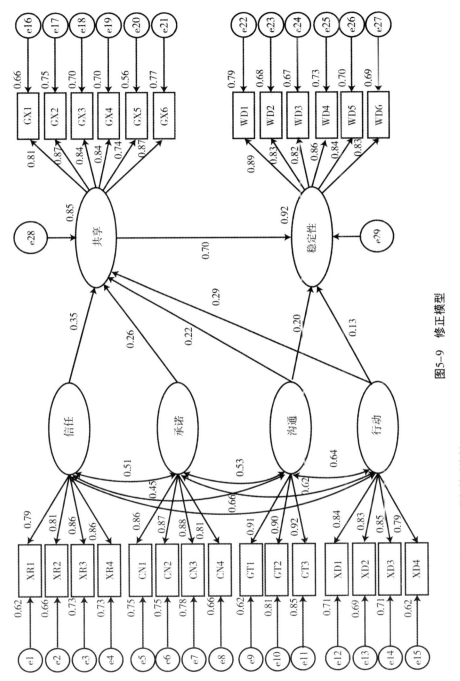

图5-9 修正模型

资料来源：笔者根据Amos22.0分析结果绘制。

表 5-18　修正模型残差值输出结果

变量	Estimate	S. E.	C. R.	P
信任	0.395	0.05	7.977	***
承诺	0.659	0.071	9.227	***
沟通	0.663	0.066	10.066	***
行动	0.548	0.062	8.808	***
e28	0.072	0.011	6.38	***
e29	0.046	0.009	5.292	***
e1	0.238	0.023	10.241	***
e2	0.241	0.024	9.911	***
e3	0.189	0.021	8.929	***
e4	0.194	0.022	8.878	***
e5	0.223	0.024	9.269	***
e6	0.194	0.021	9.198	***
e7	0.186	0.021	8.659	***
e8	0.258	0.025	10.347	***
e9	0.142	0.017	8.426	***
e10	0.165	0.019	8.662	***
e11	0.109	0.014	7.523	***
e12	0.225	0.024	9.503	***
e13	0.207	0.021	9.698	***
e14	0.200	0.021	9.435	***
e15	0.281	0.027	10.420	***
e16	0.244	0.022	11.16	***
e17	0.166	0.016	10.538	***
e18	0.180	0.016	10.954	***
e19	0.176	0.016	10.907	***
e20	0.278	0.024	11.566	***
e21	0.175	0.017	10.442	***
e22	0.147	0.014	10.208	***
e23	0.239	0.022	11.072	***
e24	0.227	0.020	11.115	***
e25	0.179	0.017	10.748	***

变量	Estimate	S. E.	C. R.	P
e26	0. 213	0. 019	10. 956	***
e27	0. 213	0. 019	11. 047	***

注：***表示 P<0. 001。

资料来源：笔者根据 Amos22. 0 分析结果整理。

综合图 5-9 和表 5-17 的输出结果可知，从模型拟合结果来看，$\chi^2/df =$ 1. 823，小于 5；RMSEA = 0. 052，小于 0. 1；RMR = 0. 021，小于 0. 03；GFI = 0. 905、AGFI = 0. 901、NFI = 0. 929、IFI = 0. 966、CFI = 0. 966。从路径系数来看，"行动对稳定性"影响的路径系数显著性水平为 0. 025，P< 0. 05；其余所有路径系数均通过显著性 P<0. 001 的检验。同时从表 5-18 可看出，各变量方差值均在 0. 001 水平上显著，S. E.（标准误）估计值均很小，介于 0. 009~0. 071，模型无明显界定错误。综合修正模型分析结果，各项指标比初始模型有所改善，能够满足适配条件。

五、调节效应检验

（一）调节效应检验程序

在自变量与因变量的作用机理中，除了中介变量以外，调节变量往往也发挥着重要作用。当因变量 Y 与自变量 X 之间的关系是某个变量 M 的函数时，该变量 M 即可称为调节变量。其作用是调节自变量 X 对因变量 Y 作用的方向和强弱。调节效应示意图如 5-10 所示。

对于调节效应的检验，本书将采用中心化乘积指标进行回归分析。首先分别对自变量、调节变量进行标准化处理，然后把经过标准化处理的自变量和调节变量相乘构造乘积项，之后使用阶层回归对调节效应进行检

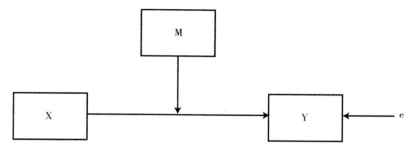

图 5-10　调节效应模型

资料来源：引自温忠麟等（2004）。

验。如果乘积项的系数达到显著性水平，那么表明调节作用显著。本书主要关注经过标准化处理的自变量相互信任、互惠承诺、有效沟通和共同行动与调节变量公平感知的乘积项对因变量产业技术创新战略联盟稳定性影响的回归系数 β 是否在 0.05 的水平上显著，如果显著，说明调节作用存在，如果不显著，说明调节作用不存在。

（二）调节效应检验

本书认为，公平感知在相互信任、互惠承诺、有效沟通和共同行动对产业技术创新战略联盟稳定性的影响关系中发挥调节作用，如图 5-11 所示。下面依次进行检验。

1. 公平感知在相互信任与产业技术创新战略联盟稳定性之间的调节作用检验

按照上述关于调节效应的检验程序，首先将相互信任和公平感知进行标准化处理；其次将标准化处理后的相互信任与公平感知相乘得到乘积项；再次将标准化处理后的相互信任、公平感知及其乘积项和联盟稳定性逐步代入回归方程中进行分析，如表 5-19 所示。

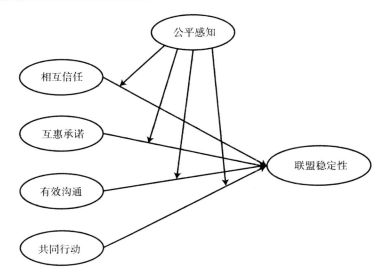

图 5-11　公平感知调节效应

资料来源：笔者自行绘制。

表 5-19　公平感知在相互信任与联盟稳定性之间的调节作用检验

变量	因变量联盟稳定性		
	模型 1	模型 2	模型 3
自变量	—	—	—
相互信任	0.628***	0.351***	0.285***
公平感知	—	0.417***	0.409***
调节效应	—	—	—
相互信任×公平感知	—	—	0.132**
R^2	0.458	0.581	0.598
调整 R^2	0.443	0.573	0.592
F	41.287***	55.325***	49.629***

注：**、***分别表示 $P<0.01$、$P<0.001$。

资料来源：笔者根据回归分析结果整理。

　　由表 5-19 可以看出，相互信任、公平感知与联盟稳定性之间线性关系总体是显著的（$F=55.325$，$P<0.001$），这一线性关系解释了因变量

57.3%的变异量。当乘积项进入回归方程后，解释比例增加到59.2%，说明乘积项的进入增强了对联盟稳定性的解释。乘积项相互信任×公平感知在0.01的水平上显著（β＝0.132，P<0.01），说明公平感知在相互信任与联盟稳定性关系中有正向调节作用。因此，假设 H14 成立。

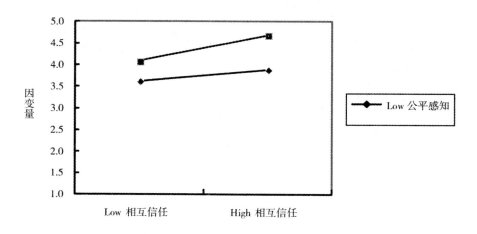

图 5-12　公平感知对相互信任与联盟稳定性关系的调节效应趋势

资料来源：笔者自行整理绘制。

Cohen 等（2003）认为，可以分别以高于均值一个标准差和低于均值一个标准差为基准区分为高/低公平感知和高/低相互信任来显示调节效应。从图 5-12 可以看出，公平感知并没有改变相互信任影响联盟稳定性的方向，即无论公平感知的得分是高还是低，联盟稳定性都随着相互信任程度的升高而增加，只是增加的幅度不同而已。

2. 公平感知在互惠承诺与产业技术创新战略联盟稳定性之间的调节作用检验

按照上述关于调节效应的检验程序，首先将互惠承诺和公平感知进行标准化处理；其次将标准化处理后的互惠承诺与公平感知相乘得到乘积项；最后将标准化处理后的互惠承诺、公平感知及其乘积项和联盟稳定性逐步代入回归方程中进行分析，如表5-20所示。

表5-20　公平感知在互惠承诺与联盟稳定性之间的调节作用检验

变量	因变量联盟稳定性		
	模型1	模型2	模型3
自变量	—	—	—
互惠承诺	0.615***	0.349***	0.253***
公平感知	—	0.423***	0.418***
调节效应	—	—	—
互惠承诺×公平感知	—	—	0.124**
R^2	0.389	0.539	0.603
调整R^2	0.372	0.576	0.597
F	31.411***	57.623***	52.758***

注：**、***分别表示$P<0.01$、$P<0.001$。
资料来源：笔者根据回归分析结果整理。

由表5-20可以看出，互惠承诺、公平感知与联盟稳定性之间线性关系总体是显著的（$F=57.623$，$P<0.001$），这一线性关系解释了因变量57.6%的变异量。当乘积项进入回归方程后，解释比例增加到59.7%，说明乘积项的进入增强了对联盟稳定性的解释。乘积项互惠承诺×公平感知在0.01的水平上显著（$\beta=0.124$，$P<0.01$），说明公平感知在互惠承诺与联盟稳定性关系中有正向调节作用。因此，假设H15成立。

同理，从图5-13可以看出，公平感知并没有改变互惠承诺影响联盟稳定性的方向，即无论公平感知的得分是高还是低，联盟稳定性都随着互惠承诺程度的升高而增加，只是增加的幅度不同而已。

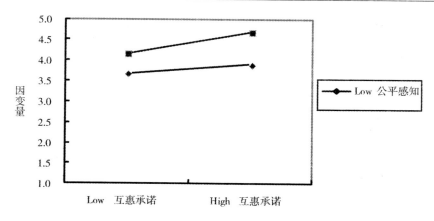

图5-13　公平感知对互惠承诺与联盟稳定性关系的调节效应趋势

资料来源：笔者自行整理绘制。

3. 公平感知在有效沟通与产业技术创新战略联盟稳定性之间的调节
作用检验

按照上述关于调节效应的检验程序，首先将有效沟通和公平感知进行
标准化处理；其次将标准化处理后的有效沟通与公平感知相乘得到乘积
项；最后将标准化处理后的有效沟通、公平感知及其乘积项和联盟稳定性
逐步代入回归方程中进行分析，如表5-21所示。

表5-21　公平感知在有效沟通与联盟稳定性之间的调节作用检验

变量	因变量联盟稳定性		
	模型1	模型2	模型3
自变量	—	—	—
有效沟通	0.518 ***	0.169 ***	0.124 ***
公平感知		0.596 ***	0.549 ***
调节效应	—	—	—
有效沟通×公平感知	—	—	0.157
R^2	0.312	0.518	0.520

续表

变量	因变量联盟稳定性		
	模型1	模型2	模型3
调整 R^2	0.296	0.507	0.508
F	22.038***	42.179***	41.906***

注：***表示p<0.001。
资料来源：笔者根据回归分析结果整理。

由表5-21可以看出，有效沟通、公平感知与联盟稳定性之间线性关系总体是显著的（F=42.179，P<0.001），这一线性关系解释了因变量50.7%的变异量。当乘积项进入回归方程后，解释比例并没有显著增加，仅增加0.001，而且乘积项有效沟通×公平感知在0.05水平上不显著（β=0.157，P>0.05），说明公平感知在有效沟通与联盟稳定性关系中不具有显著调节作用。因此，假设H16不成立。

4. 公平感知在共同行动与产业技术创新战略联盟稳定性之间的调节作用检验

按照上述关于调节效应的检验程序，首先将共同行动和公平感知进行标准化处理；其次将标准化处理后的共同行动与公平感知相乘得到乘积项；最后将标准化处理后的共同行动、公平感知及其乘积项和联盟稳定性逐步代入回归方程中进行分析，如表5-22所示。

表5-22 公平感知在共同行动与联盟稳定性之间的调节作用检验

变量	因变量联盟稳定性		
	模型1	模型2	模型3
自变量	—	—	—
共同行动	0.719***	0.439***	0.403***
公平感知	—	0.401***	0.375***

续表

变量	因变量联盟稳定性		
	模型 1	模型 2	模型 3
调节效应	—	—	—
共同行动×公平感知	—	—	0.125 *
R^2	0.524	0.591	0.603
调整 R^2	0.515	0.586	0.597
F	54.275 ***	58.946 ***	51.336 ***

注: * 、 *** 分别表示 P<0.05、P<0.001。

资料来源：笔者根据回归分析结果整理。

由表5-22可以看出，共同行动、公平感知与联盟稳定性之间线性关系总体是显著的（F＝58.946，P<0.001），这一线性关系解释了因变量58.6%的变异量。当乘积项进入回归方程后，解释比例增加到59.7%，说明乘积项的进入增强了对联盟稳定性的解释。乘积项共同行动×公平感知在0.05的水平上显著（β＝0.125，P<0.05），说明公平感知在共同行动与联盟稳定性关系中有正向调节作用。因此，假设H17成立。

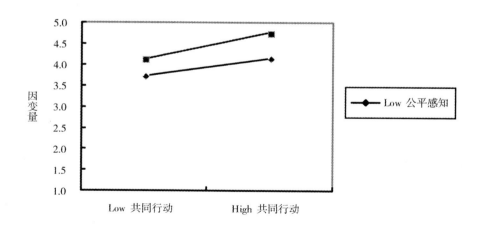

图5-14 公平感知对共同行动与联盟稳定性关系的调节效应趋势

资料来源：笔者自行整理绘制。

同理，从图5-14可以看出，公平感知并没有改变共同行动影响联盟稳定性的方向，即无论公平感知的得分是高还是低，联盟稳定性都随着共同行动程度的升高而增加，只是增加的幅度不同而已。

第四节　结果与讨论

一、假设检验结果

根据上述实证分析可以看到，对于本书提出的假设有的支持，有的不支持，本书形成假设检验结果汇总如表5-23所示。

表5-23　假设检验结果汇总

假设	内容	结果
H1	相互信任对产业技术创新战略联盟稳定性有直接显著影响	不支持
H2	互惠承诺对产业技术创新战略联盟稳定性有直接显著影响	不支持
H3	有效沟通对产业技术创新战略联盟稳定性有直接显著影响	支持
H4	共同行动对产业技术创新战略联盟稳定性有直接显著影响	支持
H5	相互信任对知识共享有显著正向影响	支持
H6	互惠承诺对知识共享有显著正向影响	支持
H7	有效沟通对知识共享有显著正向影响	支持
H8	共同行动对知识共享有显著正向影响	支持
H9	知识共享对产业技术创新战略联盟稳定性有显著正向影响	支持
H10	知识共享在相互信任与产业技术创新战略联盟稳定性关系中起中介作用	支持
H11	知识共享在互惠承诺与产业技术创新战略联盟稳定性关系中起中介作用	支持
H12	知识共享在有效沟通与产业技术创新战略联盟稳定性关系中起中介作用	支持
H13	知识共享在共同行动与产业技术创新战略联盟稳定性关系中起中介作用	支持

续表

假设	内容	结果
H14	公平感知在相互信任与产业技术创新战略联盟稳定性关系中起调节作用	支持
H15	公平感知在互惠承诺与产业技术创新战略联盟稳定性关系中起调节作用	支持
H16	公平感知在有效沟通与产业技术创新战略联盟稳定性关系中起调节作用	不支持
H17	公平感知在共同行动与产业技术创新战略联盟稳定性关系中起调节作用	支持

资料来源：笔者自行整理。

二、分析讨论

本章利用相关统计软件对问卷调查数据进行分析，对提出的研究假设和理论模型进行实证检验，下面对实证结果进行解释和讨论。

（一）关系资本对产业技术创新战略联盟稳定性影响的实证结果解释

从上述分析可以看出，关系资本的四个维度——相互信任、互惠承诺、有效沟通和共同行动对产业技术创新战略联盟稳定性表现出不同的影响作用。其中相互信任、互惠承诺对联盟稳定性不具有直接显著的影响。经过中介检验发现，相互信任、互惠承诺对联盟稳定性直接影响不显著的原因主要是需要通过知识共享的中介作用进而对联盟稳定性产生间接影响。有效沟通和共同行动对联盟稳定性具有直接显著影响。但是在知识共享的影响下，其影响作用会显著减小。这说明在以实现资源互补、共享核心知识、解决共性问题，推进技术创新为宗旨的产业技术创新战略联盟合作中，知识共享有着重要的作用。所以在联盟合作中，既要注重维持良好的合作关系，彼此互信互惠，也要加强沟通，一致行动促进知识共享顺利进行，为维系双方合作，促进联盟稳定创造有利条件。

（二）关系资本对知识共享影响的实证结果解释

从上述分析可以看出，关系资本中的相互信任、互惠承诺、有效沟通和共同行动对知识共享具有显著正向影响。关系资本是知识共享的前因变量，知识共享是关系资本的结果变量。对于产业技术创新战略联盟来说，非常看重关键资源与核心知识的共享，其不仅关系到技术创新能力的提升以及预期目标的实现，而且关系到双方合作的持续与深入开展。联盟成员相互信任有利于增进双方了解和亲密度，减少对对方发生机会主义行为的戒备以及顾虑；而双方之间互惠互利，则有利于增强双方依赖关系及感情认同，从而更愿意加强沟通和交流，在共同决策、共同求解的过程中共享知识和技术，推进共建共享。联盟成员彼此相互信任度越高、互惠承诺越强、越能经常性地进行有效沟通并为着共同目标一致行动，越有利于知识的共享，实现预定目标。相互信任、互惠承诺、有效沟通和共同行动对知识共享具有重要作用。

（三）知识共享对产业技术创新战略联盟稳定性影响的实证结果解释

从上述分析可以看出，知识共享对产业技术创新战略联盟稳定性具有显著正向影响，即产业技术创新战略联盟成员之间的知识共享程度越高，联盟合作越稳定。这说明在众多的影响因素中，知识共享是产业技术创新战略联盟稳定的重要前因变量，这与产业技术创新战略联盟组建和运行宗旨是一致的，即通过联盟合作实现知识共享和技术创新，更好地解决共性技术问题，提升联盟合作效率，推进实现合作共赢。只有联盟成员能够有效共享所需的知识和技术，才能提高创新能力与核心竞争优势，维持合作的稳定。知识共享对于产业技术创新战略联盟稳定性具有重要影响作用。

（四）知识共享在关系资本与产业技术创新战略联盟稳定性关系中发挥中介作用的实证结果解释

从上述分析可以看出，在关系资本的四个维度——相互信任、互惠承诺、有效沟通、共同行动对产业技术创新战略联盟稳定性影响关系中，知识共享均发挥着中介作用。其中，在相互信任和互惠承诺对产业技术创新战略联盟稳定性的影响关系中，知识共享发挥完全中介作用，即相互信任和互惠承诺只有经过知识共享的中介作用才能对联盟稳定性产生影响。在有效沟通和共同行动对产业技术创新战略联盟稳定性的影响关系中，知识共享发挥部分中介作用，即有效沟通和共同行动不仅直接对产业技术创新战略联盟稳定性产生影响，也会在知识共享的中介作用下影响联盟稳定性。知识共享不仅是关系资本的结果变量，同时是联盟稳定性的前因变量，知识共享揭示了关系资本影响联盟稳定性的作用机理。这与产业技术创新战略联盟关注知识共享作用的本质特征和运行宗旨是一致且紧密相关的。

（五）公平感知在关系资本与产业技术创新战略联盟稳定性关系中的调节作用实证结果解释

从上述分析可以看出，公平感知在关系资本与产业技术创新战略联盟稳定性关系中发挥部分调节效应。其中，在相互信任、互惠承诺和共同行动对产业技术创新战略联盟稳定性的影响关系中，公平感知发挥正向调节效应，即公平感知度越高或越感知公平，相互信任、互惠承诺和共同行动对产业技术创新战略联盟稳定性的影响作用越大，反之亦然。在有效沟通对产业技术创新战略联盟稳定性的影响关系中，公平感知的调节效应不显著。这说明建立在互惠互信与一致行动基础上的联盟成员关系，更容易在公平的氛围感受中增加感情，增进认同与互动，更愿意维持稳定的合作关系。而能否利用有效的沟通途径进行沟通和交流是产业技术创新战略联盟稳定运行的一个重要前提和条件，没有沟通就难以加强合作并维持长久稳定的关系。及时有效的沟通有助于及时解决争端，消除分歧，是联盟得以持续稳定运行的重要保障。在沟通过程中公平感知作为一种主观心理感受和氛围要素，并不一定能够直接影响联盟稳定性效果，相较而言，能否建立和维护良好的沟通机制以保障合作的持续稳定运行显得更为重要。

本章小结

本章在第四章的基础上通过正式调查问卷获取数据，并利用统计软件对施测数据进行统计分析。首先，对样本数据进行描述性统计分析，包括性别、工龄、学历、职位、单位性质、单位规模、行业类别等信息，以便总体了解和把握样本特征。其次，对量表进行信度和效度检验，通过Cronbach's α 值，即量表的内部一致性检验量表的信度；使用验证性因子分析，验证各量表的结构效度，经检验量表均通过信度和效度检验。最后，基于结构方程模型对研究假设和理论模型进行检验分析，结合中介作用检验结果对模型进行修正，同时利用回归分析对调节效应进行检验。

结果表明：在关系资本对产业技术创新战略联盟稳定性的影响关系中，除相互信任和互惠承诺对产业技术创新战略联盟稳定性直接影响不显著外，有效沟通和共同行动均对产业技术创新战略联盟稳定性有直接显著影响；在关系资本对知识共享的影响关系中，相互信任、互惠承诺、有效沟通和共同行动均对知识共享有显著正向影响；知识共享对产业技术创新战略联盟稳定性有显著正向影响；知识共享在关系资本与产业技术创新战略联盟稳定性关系中发挥中介作用，其中在相互信任、互惠承诺对产业技术创新战略联盟稳定性的影响关系中发挥完全中介作用，在有效沟通、共同行动对产业技术创新战略联盟稳定性的影响关系中发挥部分中介作用；公平感知在关系资本与产业技术创新战略联盟稳定性关系中发挥部分调节效应，其中在相互信任、互惠承诺和共同行动对产业技术创新战略联盟稳定性的影响关系中发挥正向调节效应，但是在有效沟通对产业技术创新战略联盟稳定性的影响关系中不发挥调节效应。最后，在此基础上对本章检验结果进行归纳说明和解释讨论。

第六章 研究结论与展望

本章在总结前文研究的基础上，对研究内容和假设检验进行归纳，进一步揭示关系资本、知识共享、公平感知和产业技术创新战略联盟稳定性之间的关系，总结得出主要研究结论，提出研究的理论贡献和管理启示，指出研究局限性和未来研究方向。

第一节 研究结论

本书基于我国创新驱动发展战略背景，主要围绕"关系资本影响产业技术创新战略联盟稳定性"这一核心主题，引入知识共享为中介变量，公平感知为调节变量，结合理论回顾与实证分析，构建了关系资本、知识共享、公平感知与产业技术创新战略联盟稳定性的关系模型。在小样本预测试的基础上，通过正式问卷调查获取数据，并运用 Spss22.0 和 Amos22.0 统计工具对收集的数据进行描述性统计分析、信度分析、效度分析，基于结构方程模型和回归分析对研究假设与理论模型进行验证，对验证结果进行解释和讨论。得出以下四个研究结论：

一、关系资本对产业技术创新战略联盟稳定性具有正向影响

本书对关系资本与产业技术创新战略联盟稳定性的影响关系进行研究。实证结果表明，关系资本中相互信任、互惠承诺、有效沟通和共同行动对产业技术创新战略联盟稳定性表现出不同的影响作用。其中，相互信任、互惠承诺对产业技术创新战略联盟稳定性不产生直接正向影响，而是经过知识共享间接对产业技术创新战略联盟稳定性产生正向影响。有效沟通、共同行动对产业技术创新战略联盟稳定性有直接正向影响，在知识共享的作用下，影响显著减小。已有研究表明，无论对于组织还是个人，关系资本的隐性作用都不容忽视。尤其在产业技术创新战略联盟中，联盟成员来自不同的利益主体，有不同的价值观与判断标准，能否建立和维护良好的关系资本成为维系双方合作的非契约式纽带，对于推进产业技术创新战略联盟稳定运行具有重要的作用。如果合作成员彼此不信任，对合作没有认同感和忠诚度，便难以对组织产生感情和依赖，彼此沟通交流和互动的频率减少，难以及时沟通意见和看法，并实现知识和技术信息的共享，冲突和摩擦不可避免，也会导致机会主义发生的可能性加大，不利于预期目标的实现与合作的稳定。只有联盟成员彼此相互信任、互惠互利，才能增强合作意愿和相互了解，并在沟通交流的基础上及时协调问题和矛盾，作出战略调整，降低合作成本，共同为目标的实现做出努力，贡献力量，减少机会主义行为的发生。因此，良好的关系资本可以使联盟成员与利益相关者为了共同的绩效目标协同发展，从而构建新的竞争优势。建立和维护良好的关系资本对于促进产业技术创新战略联盟稳定运行具有重要意义。

二、关系资本对知识共享具有显著影响

本书对关系资本与知识共享的关系进行了研究。通过实证分析可知，在产业技术创新战略联盟中，联盟成员的相互信任、互惠承诺、有效沟通和共同行动对知识共享产生显著正向影响。产业技术创新战略联盟组建的主要目的是实现资源互补和知识共享，加强技术联合攻关，推进成果转化和技术创新。在产业技术创新战略联盟合作中，联盟成员的知识共享行为除受到正式契约约束外，往往还会受到关系资本等非契约性因素的影响。在知识共享过程中，出现知识溢出不可避免，从而导致联盟成员出于利益考虑而有所防范和戒备。如果联盟成员彼此之间缺乏信任度及合作的忠诚度，那么便会在权衡知识共享利弊后有所保留，即使通过激励、制度等手段也难以产生知识共享的强烈意愿，对技术创新产生不利影响。同时，如果没有有效的沟通和交流，彼此缺乏了解和认同感，也不会轻易地共享知识技术并在制定战略规划时达成一致，那么共同行动，合作预期目标便难以实现。

此外，产业技术创新战略联盟中的核心知识共享往往需要联盟成员通过经常性沟通接触增强理解。基于信任和承诺的关系资本能增强联盟成员之间的互动频率、紧密程度和沟通效果，降低合作成本，达成一致意见，使共享变得更加顺畅。联盟成员的共同行动，能根据联盟目标任务及时进行战略调整，采取积极应对政策，化解争端和矛盾。联盟组织间信任和承诺等感情因素的加深以及沟通和互动行为的增强，可以促使合作双方减少防御行为，增强依赖关系，提高共享意愿，增强合作效果。关系资本关系到知识共享的质量和效果，是知识共享的有利条件，在产业技术创新战略联盟内部构建良好的关系资本对知识共享有重要作用。

三、知识共享对产业技术创新战略联盟稳定性具有显著影响

本书对知识共享与产业技术创新战略联盟稳定性的关系进行了研究。通过实证研究可以看到，知识共享对产业技术创新战略联盟稳定性具有显著正向影响。如前文所述，产业技术创新战略联盟成立的初衷和目的是共享合作伙伴的知识、技术等核心资源，推进重大技术创新，突破共性关键问题，获取更大的竞争优势。在联盟合作中，如果联盟成员不能有效地共享所需知识和技术，便会对合作效果产生顾虑和怀疑，继续合作的意愿便会减弱，对于维持联盟的稳定运行将会产生负面影响。如果联盟知识共享能够顺畅，那么就可以使联盟成员在节约成本的前提下获得需要的资源和技术，更新知识存量，提高知识质量，提升创新能力，促进科技成果的转化，获得满意的合作绩效，从而进一步增强信任度和承诺感，促进合作的持续稳定运行。

知识共享不仅直接对产业技术创新战略联盟稳定性产生影响，而且在关系资本影响产业技术创新战略联盟稳定性的关系中扮演着中介作用的角色。实证研究结果显示，知识共享在相互信任、互惠承诺、有效沟通和共同行动对产业技术创新战略联盟稳定性的影响关系中发挥中介作用，其中在相互信任、互惠承诺对联盟稳定性的影响关系中发挥完全中介作用，这也验证了相互信任、互惠承诺对联盟稳定性直接影响效应不显著的原因。在有效沟通、共同行动对联盟稳定性的影响关系中发挥部分中介作用。在产业技术创新战略联盟中，联盟成员的关系资本对联盟稳定性的影响离不开知识共享的作用，知识共享揭示了关系资本作用于联盟稳定性的影响机理和"黑箱"，所以能否实现知识的有效共享，是产业技术创新战略联盟合作稳定的重要条件。知识共享在推动产业技术创新战略联盟稳定运行中

发挥着重要作用。

四、公平感知在关系资本对产业技术创新战略联盟稳定性的影响关系中发挥调节效应

本书对公平感知在关系资本与产业技术创新战略联盟稳定性关系中的调节作用进行了研究。从实证结果可知，公平感知在相互信任、互惠承诺和共同行动对产业技术创新战略联盟稳定性的影响关系中发挥正向调节作用，即公平感知越强，相互信任、互惠承诺和共同行动对产业技术创新战略联盟稳定性的影响越显著；反之亦然。随着近年关于公平研究的深入，公平的概念也更多地被运用于组织关系之中。本书认为，产业技术创新战略联盟来自高校、科研院所、企业和政府等不同利益主体，对于合作中是否体现公平往往给予了很大的关注。当联盟成员基于信任和承诺并在共同行动基础上建立良好的关系资本时，如果其认为合作中付出与得到是公平合理的，或者说其认为合作氛围是公平的，那么更放心或更愿意把掌握的知识和技术进行共享以促进继续合作，实现合作共赢，维持稳定的合作关系。当其在分配或者决策过程中有明显的不公平感受时，尽管彼此相互信任，具有合作忠诚度且能共同行动，但是出于不平衡的心理或自身利益保障，往往会减弱合作意愿，进而影响合作关系。所以营造公平的合作氛围与环境对于维持长久稳定的合作关系尤为重要。在有效沟通的过程中，联盟成员通常利用有效的沟通渠道加强交流和学习，增强互动频率和效果，及时交换不同意见并采取有效措施及时协调解决存在的问题，所以相比较而言，建立良好的沟通机制对于维持稳定的合作关系具有更加重要的意义。

第二节　理论贡献

本书以关系资本为自变量、知识共享为中介变量、公平感知为调节变量、产业技术创新战略联盟稳定性为因变量，基于实证分析得出了相关研究结论，总体来讲，研究的理论贡献可以概括为以下三个方面：

一、发现了关系资本对产业技术创新战略联盟稳定性的影响关系

将关系资本运用于产业技术创新战略联盟这一由异质性主体构成的特殊组织形式以研究其影响关系，研究结果丰富了关系资本的结果变量和产业技术创新战略联盟稳定性的前因变量研究，有助于拓展关系资本和联盟稳定性的研究领域与理论体系。

二、发现了知识共享在关系资本与产业技术创新战略联盟稳定性关系中的中介作用

将知识共享作为中介变量，关注知识共享在关系资本与产业技术创新战略联盟稳定性关系中的中介作用，这是一项新的尝试。知识共享中介效应的研究揭示了关系资本对产业技术创新战略联盟稳定性影响的机理和"黑箱"，补充了影响过程的内在细节，丰富了知识共享的前因变量和结果变量研究，对知识共享的开发研究具有一定启示。

三、发现了公平感知在关系资本与产业技术创新战略联盟稳定性关系中的调节作用

基于产业技术创新战略联盟这一特殊组织形式，研究公平感知的调节效应，揭示了关系资本影响产业技术创新战略联盟稳定性的边界条件，有助于补充关系资本、公平感知与联盟稳定性之间作用关系的解释，亦是对联盟稳定性前因变量和公平感知结果变量研究的进一步拓展和补充。

第三节　管理启示

本书将关系资本、知识共享、公平感知与产业技术创新战略联盟稳定性置于同一研究框架，通过实证分析揭示其影响关系和作用机理，研究结果对于创新驱动发展战略背景下，推进产业技术创新战略联盟建设和发展，提高联盟稳定性管理水平具有实践指导意义。概括来讲，主要有以下三个方面的管理启示：

一、构建和维护良好的关系资本

通过研究发现，产业技术创新战略联盟关系资本可以促进知识共享，进而提升联盟稳定性。在日常生活和社会交往中，由亲及疏、由近及远安排各项事务是人们的行动逻辑，熟悉则信之，陌生则敬而远之。在联盟合作中，联盟成员之间结成的良好合作关系有利于在与其利益相关者交互过程中增强信任度，维持稳定的合作博弈，形成责任共担的利益共同体。基

于相互信任和互惠承诺的感情因素以及有效沟通和共同行动的行为因素，有助于增强彼此的亲密度和依赖关系，缩小彼此之间的情感距离，增强彼此之间的私人感情，有效阻止"搭便车"和机会主义行为，在互动过程中实现资源的有效互补与整合优化，促进知识信息和技术等关键资源在联盟成员之间的顺畅流动和有效共享，降低知识获取成本，增强联盟成员知识存量，进而提升创新能力，突破共性关键问题，促进合作实现双赢，保障联盟合作的持续与稳定。因此，产业技术创新战略联盟管理者与合作成员要充分认识关系资本的重要性，注重关系管理，建立健全完善的信任机制、沟通机制或决策机制等关系维护机制，搭建有利的交流平台，营造良好的互动氛围，建立共同的愿景和目标，通过组织培训学习、举行座谈会、举办联谊活动等形式促进成员之间沟通交流，增进感情，增强信任，提升共同克服困难及共同求解的意愿，形成工作合力，最大限度降低不完全信息带来的风险，使联盟合作更加务实有效。

二、积极搭建有利于知识共享的平台

在产业技术创新战略联盟中，来自不同利益主体的联盟成员通过获取所需的知识技术资源以实现利益目标并影响后续的合作行为与发展效果。关系资本是联盟合作的基础，但知识能否有效共享则是合作成败的关键。只有充分共享需要的知识和技术等资源，才能推进技术创新，解决共性问题，获得满意绩效，从而促进联盟合作的持续稳定与深入开展。但是由于知识本身具有的隐含性、复杂性等特性以及不同利益主体需求等因素限制，使产业技术创新战略联盟合作中的知识共享不是一个自动自发实现的过程，需要积极创造条件，搭建有利平台，为知识共享顺利进行提供保障。具体应采取以下三项措施：一是要建立良好的学习沟通机制，加强培训学习，完善学习内容，通过召开会议、举行座谈研讨、促进项目合作等方式进一步扩大沟通交流渠道，增强彼此了解和信任，提高联盟成员相互学习的积极性以及对知识理解、消化、吸收和重构等能力，在学习中创新，在创新中学习，为知识有效共享奠定基础。二是要建立健全价值评估与激励保障机制，营造良好的知识共享氛围，以减小研发投入高、技术能力强的联盟组织对于知识溢出可能存在的顾虑，通过完善知识产权保护制度，以协议约定明确知识共享归属权、使用期限、收益分配等方式，保障联盟成员平等参与知识共享。三是要建立公共信息平台，促进知识信息合理流动与有效共享，同时通过在联盟中宣传知识共享的重要意义等途径使成员以开放的心态实现知识共享，促进知识共享实现良好效果。

三、营造公平合理的合作氛围

在产业技术创新战略联盟合作中，联盟成员作为独立的市场行为主体，以自身利益最大化为合作目的，往往比较关注合作过程与结果的公平性。公平感知虽然是一种个人主观感受，但是在联盟合作中，依然会影响到合作的实际成效。建立在相互信任、互惠承诺和共同行动基础上的关系资本，会在公平感知的影响下对联盟稳定性发挥效用。当联盟成员感知公平时，会增强对合作的信任感与忠诚度，对持续合作充满信心和期待，在共同制定战略决策或解决问题时积极献计献策，并且增强知识共享的意愿，减少对于潜在不公平风险的顾虑，以积极开放的心态加强合作，维持稳定的合作关系。当公平感程度低或者说感知不公平时，出于不平衡的个体感受和防备心理，即使有良好的关系资本，也不愿意积极共享所拥有的知识和技术等核心资源，合作关系及其成效会受到负面影响。因此，在产业技术创新战略联盟合作中，要建立健全规范有序的决策运行机制和分配机制，积极营造公平合理的合作氛围，以保证联盟合作的积极性和有效性，进而提高合作成效，维持联盟稳定。

第四节　研究的局限性

本书基于关系资本视角，对产业技术创新战略联盟稳定性进行研究，得出了一些研究结论。但由于研究时间和水平有限，也存在以下三个方面的局限性：

一、样本选取不足

主要基于云南省，样本覆盖面小，区域单一，无法代表所有区域情况，样本的容量也不够大；同时采用横截面数据，没有对产业技术创新战略联盟不同运行阶段的情况进行数据收集，结论的普适性和可靠性有待进一步探讨。

二、缺少案例分析

本研究关于关系资本影响产业技术创新战略联盟稳定性的作用机制剖析，主要基于调研数据，采用构造理论模型并进行实证检验的方法进行分析，欠缺相关案例解析，研究结论的可信度会受到一定影响。

三、对变量的分析不深入

除关系资本外，对知识共享、公平感知和产业技术创新战略联盟稳定性没有进行维度细分及其相互影响关系的深入研究和剖析，研究的指导意义会受到一定的限制。

第五节　未来研究展望

针对以上存在的局限性和不足，在未来的研究中，主要从以下三个方面完善：

一、扩大样本地域范围

在能力范围内选取不同地区的产业技术创新战略联盟为研究对象，增加样本容量。同时对样本开展动态跟踪，利用动态数据对理论模型开展动态序列检验，进一步提高结论的普适性和可靠性。

二、辅之以案例研究进行深度解析

在大样本数据实证检验的同时，选择具有代表性的不同联盟，深度解析他们在关系资本、知识共享、公平感知等方面的不同表现，进一步深化对产业技术创新战略联盟稳定性的研究，增强研究的科学性和有效性。

三、对研究的相关变量进行细化

从多个维度对知识共享、产业技术创新战略联盟稳定性和公平感知进行研究，深入解析各变量维度之间的相互关系和影响机理，以保证研究具有更好的意义和价值。

附录一 关系资本维度指标评分表

尊敬的专家：

您好！我们正在进行基于关系资本的产业技术创新战略联盟稳定性研究，为进一步界定产业技术创新战略联盟关系资本的构成要素，我们基于已有研究成果，对关系资本的维度构成要素进行了梳理归纳并形成此评分表。请您根据重要性判断对下列指标进行相应评分。此表采用不记名方式填写，我们郑重承诺数据统计仅作学术论文研究之用，不带有商业目的。谢谢您的支持！

（1）您的职称（职位）：   您所在单位：

（2）评分采用打分制，1~5 依次表示层次递进。分值越高表明该指标对于测量关系资本的重要程度越高，请您在相应分值上打√。

表 A-1 关系资本维度指标评分

一级指标	二级指标	分值				
关系资本	信任	1	2	3	4	5
	承诺	1	2	3	4	5
	友谊	1	2	3	4	5
	友好	1	2	3	4	5
	义务	1	2	3	4	5
	认同	1	2	3	4	5
	规范	1	2	3	4	5
	尊重	1	2	3	4	5
	依赖	1	2	3	4	5
	互动	1	2	3	4	5
	有效沟通	1	2	3	4	5
	信息共享	1	2	3	4	5
	共同行动	1	2	3	4	5
	联结强度	1	2	3	4	5
	透明度	1	2	3	4	5
	专用性投资	1	2	3	4	5
	冲突管理	1	2	3	4	5

资料来源：笔者自行整理。

附录二　基于关系资本的产业技术创新战略联盟稳定性研究初始调查问卷

尊敬的女士/先生：

您好！为分析关系资本、知识共享、公平感知与产业技术创新战略联盟稳定性的关系，特作此问卷调查。问卷采用不记名方式填写，数据仅用于统计分析，答案没有正误之分，您只需根据自己的实际工作情况和真实感受填写。如您已填写过相同问卷，请在问卷中注明，不必继续作答。我们郑重承诺问卷仅作学术研究之用，不带有商业目的，您所填信息将受到严格保密。

您的合作对我们意义重大，衷心感谢您付出宝贵时间对本书的大力支持！

第一部分：基本情况

（1）您所在单位：

（2）您的性别：

□男　□女

（3）您的工龄：

□ 5 年以下　□ 5~10 年　□ 11~15 年　□ 15 年以上

（4）您的最高学历：

□研究生及以上　□本科　□大专　□中专及以下

（5）您在贵单位的职位为：

□高层管理者　□中层管理者　□基层人员　□其他，请说明

（6）贵单位的性质为：

□高校　□科研机构　□企业　□其他

（7）目前贵单位的规模为：

□50人以下　□50～100人　□101～500人　□500人以上

（8）贵单位所属行业类别：

□现代服务业　□新兴产业　□现代农业　□民生科技

第二部分：关系资本

请您根据实际情况和真实感受对下表进行5级打分，数字1～5依次表示从"完全不同意"向"完全同意"的过渡，请在对应的选项内打√。

相互信任	完全不同意	不同意	不确定	同意	完全同意
	1	2	3	4	5
1　我们信赖合作伙伴的技术专业程度					
2　我们信赖合作伙伴所提供信息的准确性					
3　我们信赖合作伙伴不会泄露我们的机密					
4　我们信赖合作伙伴不会因对方疏漏占便宜					
互惠承诺	1	2	3	4	5
1　我们承诺与合作伙伴的合作遵守互惠互利的原则					
2　我们与合作伙伴致力于保持长久的合作关系					
3　我们与合作伙伴在合作中认真履行承诺和义务					

相互信任	完全不同意	不同意	不确定	同意	完全同意
	1	2	3	4	5
4　我们与合作伙伴愿意为对方实现目标付出额外努力					
有效沟通	1	2	3	4	5
1　我们与合作伙伴具有很好的沟通交流机制					
2　我们与合作伙伴分享许多有价值的信息					
3　我们与合作伙伴能够准确理解对方发出的信息					
4　我们与合作伙伴能够保障所传递信息的真实性					
共同行动	1	2	3	4	5
1　我们与合作伙伴有共同的、可共享的目标					
2　我们与合作伙伴能够根据目标共同制订行动计划					
3　我们与合作伙伴能够共同进行决策					
4　我们与合作伙伴能够共同解决问题和冲突					

第三部分：知识共享

请您根据实际情况和真实感受对下表进行 5 级打分，数字 1~5 依次表示从"完全不同意"向"完全同意"的过渡，请在对应的选项内打√。

知识共享	完全不同意	不同意	不确定	同意	完全同意
	1	2	3	4	5
1　我们与合作伙伴交流很多产品技术相关知识					
2　我们与合作伙伴交流很多生产流程相关知识					
3　我们与合作伙伴交流一些管理经验					
4　我们与合作伙伴交流本行业最新发展信息					

	知识共享	完全不同意	不同意	不确定	同意	完全同意
		1	2	3	4	5
5	通过合作获取的知识和技术，有利于合作项目的进展					
6	通过合作获取的知识和技术，合作各方能理解并掌握					

第四部分：公平感知

请您根据实际情况和真实感受对下表进行 5 级打分，数字 1~5 依次表示从"完全不同意"向"完全同意"的过渡，请在对应的选项内打√。

	公平感知	完全不同意	不同意	不确定	同意	完全同意
		1	2	3	4	5
1	我们所得与合作中应承担的角色和责任相比是公平的					
2	我们所得与联盟合作中作出的贡献相比是公平的					
3	联盟合作伙伴不会采取歧视政策对待其他合作伙伴					
4	联盟合作伙伴有时会根据我们的意见调整政策					
5	联盟合作伙伴的政策变化能向我们进行有效说明					

第五部分：产业技术创新战略联盟稳定性

请您根据实际情况和真实感受对下表进行 5 级打分，数字 1~5 依次表示从"完全不同意"向"完全同意"的过渡，请在对应的选项内打√。

联盟稳定性	完全不同意	不同意	不确定	同意	完全同意
	1	2	3	4	5
1　我们与联盟伙伴的合作很愉快					
2　我们对合作成员之间目标达成一致很满意					
3　我们通过联盟合作提高了竞争力					
4　我们通过联盟合作获得了有用的外部知识					
5　我们通过联盟合作 RD 创新能力得到了很大提高					
6　我们通过联盟合作，希望继续合作下去					

附录三 基于关系资本的产业技术创新战略联盟稳定性研究正式调查问卷

尊敬的女士/先生：

您好！为分析关系资本、知识共享、公平感知与产业技术创新战略联盟稳定性的关系，特作此问卷调查。问卷采用不记名方式填写，数据仅用于统计分析，答案没有正误之分，您只需根据自己的实际工作情况和真实感受填写。如您已填写过相同问卷，请在问卷中注明，不必继续作答。我们郑重承诺问卷仅作学术研究之用，不带有商业目的，您所填信息将受到严格保密。

您的合作对我们意义重大，衷心感谢您付出宝贵时间对本书的大力支持！

第一部分：基本情况

（1）您所在单位：

（2）您的性别：

□男　□女

（3）您的工龄：

□ 5 年以下　□ 5~10 年　□ 11~15 年　□ 15 年以上

（4）您的最高学历：

□研究生及以上　□本科　□大专　□中专及以下

（5）您在贵单位的职位为：

□高层管理者　□中层管理者　□基层人员　□其他，请说明

（6）贵单位的性质为：

□高校　□科研机构　□企业　□其他

（7）目前贵单位的规模为：

□50 人以下　□50~100 人　□101~500 人　□500 人以上

（8）贵单位所属行业类别：

□现代服务业　□新兴产业　□现代农业　□民生科技

第二部分：关系资本

请您根据实际情况和真实感受对下表进行 5 级打分，数字 1~5 依次表示从"完全不同意"向"完全同意"的过渡，请在对应的选项内打√。

	相互信任	完全不同意	不同意	不确定	同意	完全同意
		1	2	3	4	5
1	我们信赖合作伙伴的技术专业程度					
2	我们信赖合作伙伴所提供信息的准确性					
3	我们信赖合作伙伴不会泄露我们的机密					
4	我们信赖合作伙伴不会因对方疏漏占便宜					
	互惠承诺	1	2	3	4	5
1	我们承诺与合作伙伴的合作遵守互惠互利的原则					
2	我们与合作伙伴致力于保持长久的合作关系					
3	我们与合作伙伴在合作中认真履行承诺和义务					

续表

相互信任	完全不同意	不同意	不确定	同意	完全同意
	1	2	3	4	5
4 我们与合作伙伴愿意为对方实现目标付出额外努力					
有效沟通	1	2	3	4	5
1 我们与合作伙伴具有很好的沟通交流机制					
2 我们与合作伙伴分享许多有价值的信息					
3 我们与合作伙伴能够准确理解对方发出的信息					
共同行动	1	2	3	4	5
1 我们与合作伙伴有共同的、可共享的目标					
2 我们与合作伙伴能够根据目标共同制订行动计划					
3 我们与合作伙伴能够共同进行决策					
4 我们与合作伙伴能够共同解决问题和冲突					

第三部分：知识共享

请您根据实际情况和真实感受对下表进行 5 级打分，数字 1~5 依次表示从"完全不同意"向"完全同意"的过渡，请在对应的选项内打√。

知识共享	完全不同意	不同意	不确定	同意	完全同意
	1	2	3	4	5
1 我们与合作伙伴交流很多产品技术相关知识					
2 我们与合作伙伴交流很多生产流程相关知识					
3 我们与合作伙伴交流一些管理经验					
4 我们与合作伙伴交流本行业最新发展信息					
5 通过合作获取的知识和技术，有利于合作项目进展					
6 通过合作获取的知识和技术，合作各方能理解并掌握					

第四部分：公平感知

请您根据实际情况和真实感受对下表进行 5 级打分，数字 1~5 依次表示从"完全不同意"向"完全同意"的过渡，请在对应的选项内打√。

	公平感知	完全不同意	不同意	不确定	同意	完全同意
		1	2	3	4	5
1	我们所得与合作中应承担的角色和责任相比是公平的					
2	我们所得与联盟合作中作出的贡献相比是公平的					
3	联盟合作伙伴不会采取歧视政策对待其他合作伙伴					
4	联盟合作伙伴有时会根据我们的意见调整政策					

第五部分：产业技术创新战略联盟稳定性

请您根据实际情况和真实感受对下表进行 5 级打分，数字 1~5 依次表示从"完全不同意"向"完全同意"的过渡，请在对应的选项内打√。

	联盟稳定性	完全不同意	不同意	不确定	同意	完全同意
		1	2	3	4	5
1	我们与联盟伙伴的合作很愉快					
2	我们通过联盟合作提高了竞争力					
3	我们通过联盟合作获得了有用的外部知识					
4	我们通过联盟合作 RD 创新能力得到了很大提高					
5	我们通过联盟合作，希望继续合作下去					
6	我们对合作成员之间目标达成一致很满意					

参考文献

[1] Aharoni, Y. , Brock, D. M. International business research: looking back and looking forward [J]. Journal of International Management, 2010 (16): 5-15.

[2] Anderson, Weitz. The Use of Pledges to Build and Sustain Commitment in Distratibution Channels [J] . Journal of Marketing Research (JMR), 1989, 29 (1): 18.

[3] Adams, J. S. Inequity in Social Exchange [J]. Advances in Experimental Social Psychology, 1965 (2): 267-299.

[4] Bies, R. J. , Moag, J. S. Interactional Justice: Communication Criteria for Fairness [J]. Greenwich, CT: JAI Press. 1986: 43-55.

[5] Bradach, J. L. , Eccles, R. G. . Price, Authority, and Trust: From Ideal Types to Plural Forms [J]. Annual Review of Sociology, 1989, 15 (1): 97-118.

[6] Bromiley, P. , Cummings, L. L. Organizations with Trust: Theory and Measurement [J]. In 53rd Annual Meeting of the Academy of Management, Atlanta, GA, 1993.

[7] Bruhn. Strategic Alliance Attracting: A Game Theory and Transaction

Cease Examination of Interterm Cooperation [J]. Academy of Management Journal, 1995, 36 (1): 794-829.

[8] Blonska, A. C., Storey, F. Decomposing the Effect of Supplier Development on Relationship Benefits: The Role of Relational Capital [J]. Industrial Marketing Management, 2013, 42 (8): 1295-1306.

[9] Baron, R., Kenny, D. The Moderator-Mediator Variable Distinction in Social Psychology Reseach: Conceptual Strategic and Statistical Considerations [J]. Journal of Personality and Social Psychology, 1986 (51): 1173-1182.

[10] Cullen, J. B., Johnson, J. L., Sakano, T. Success Through Commitment and Trust: The Soft Side of Strategic Alliance Mamagement [J]. Journal of World Business, 2000, 35 (3): 223-240.

[11] Carmeli, A., Azeroual, B. How Relational Capital and Knowledge Combination Capability Enhance the Performance of Work Units in a High Technologh Industry [J]. Strategic Entrepreneurship Journal, 2009 (3): 85-103.

[12] Cummings, J. N. Work Groups and Knowledge Sharing in A Global Organization [J]. Academy of Management Annual Meeting Proceedings, 2001 (50): 352-364.

[13] Collins, J. D., Hitt, M. A. Leveraging Tacit Knowledge in Alliances: The Importance of Using Relational Capabilities to Build and Leverage Relational Capital [J]. Journal of Engineering & Technology Management, 2006, 23 (3): 147-167.

[14] Cummings, J. L., Teng, B. S. Transferring R&D Knowledge: The Key Factors Affecting Knowledge Transfer Success [J]. Journal of Engineering & Technology Management, 2015, 20 (1-2): 39-68.

[15] Chung, S., Singh, H., Lee, K. Complementarity, Status Similarity

and Social Capital as Drivers of Alliance Formation [J]. Strategic Management Journal, 2000, 21 (1): 1-22.

[16] Connelly, C. E., Kelloway, E. K. Predictors of Employees' Perceptions of Knowledge Sharing Cultures [J]. Leadership & Organization Development Journal, 2003, 24 (5): 294-301.

[17] Cai, S., Jun, M., Yang, Z. Implementing Supply Chain Information Integration in China: The Role of Institutional Forces and Trust [J]. Journal of Operations Mangement, 2010, 28 (3): 257-268.

[18] Colquitt, J. A., Rodell, J. B. Justice, Trust, and Trustworthiness: A Longitudinal Analysis Integrating Three Theoretical Perspectives [J]. Academy of Management Journal, 2011, 54 (6): 1183-1206.

[19] Dyer, J. H., Singh, H. The Relational View: Cooperative Strategy and Sources of Inter Organizational Competitive Advantage [J]. Academy of Management Review, 1998, 23 (4): 660-679.

[20] Dyer, J. H. Effective Interfirm Collaboration: How Firms, Minimize Transaction Costs and Maximize Transaction Value [J]. Strategic Management Journal, 1997, 18 (7): 535-556.

[21] Das, T. K., Rahman, N. Determinants of Partner Opportunism in Strategic Alliances: A Conceptual Framework [J]. Journal of Business and Psychology, 2010 (25): 55-74.

[22] Das, T. K., Teng, S. B. A Resource-Based Theory of Strategic Alliances [J]. Journal of Management. 2000, 26 (1): 31-61.

[23] Das, T. K., Bing-Sheng Teng. Trust, Control, and Risk in Strategic Alliances: An Intergrated Framework [J]. Organization Studies, 2001, 22 (2): 251-283.

［24］Doz, Y. The Evolution of Cooperation in Strategic Alliances: Initial Conditions or Learning Processes ［J］. Strategic Management Journal, 1996 (17): 55-84.

［25］Dussauge, P., Garrette, B. Determinants of Success in International Strategic Alliances: Evidence From the Global Aerospace Industry ［J］. Journal of International Business Studies, 1995 (26): 505-530.

［26］De Clercq, D., Sapienza, H. J. Effects of Relational Capital and Commitment on Venture Capitalists' Perception of Portfolio Company Performance ［J］. Journal of Business Venturing, 2006, 21 (3): 326-347.

［27］Davenport, T. H., Prusak, L. Working Knowledge: How Organizations Manage What They Know ［M］. Harvard Business School Press Books, 1998.

［28］Dwyer, F. R., Schurr, P. H., Oh, S. Developing Buyer-Seller Relationships ［J］. Journal of Marketing, 1987, 51 (2): 11-27.

［29］Ernst, D., Bamford, J. Your Alliances Are Too Stable ［J］. Harvard Business Review, 2005, 83 (6): 133-141.

［30］Eriksson, I. V., Dickson, G. W. Knowledge Sharing in High Technology Companies ［J］. Proceedings of the Third Americas Conference on Information Systems, 2000: 1329-1335.

［31］Fadol, Y. Y., Sandhu, M. A. The Role of Trust on the Performance of Strategic Alliances in a Cross-Cultural Context: A Study of the UAE ［J］. Benchmarking An International Journal, 2013, 20 (1): 106-128.

［32］Fehr, E., Gächter, S. Fairness and Retaliation: The Economics of Reciprocity ［J］. Journal of Economic Perspectives, 2000, 14 (3): 159-182.

［33］Gulati, R., Gargiulo, M. Where Do Interorganizational Networks

Come From? [J]. American Journal of Sociology, 1999, 104 (5): 1439-1493.

[34] Gill, J. , Butler, R. J. Managing Instability in Cross-Cultural Alliance [J]. Long Range Planning, 2003, 36 (6): 543-563.

[35] Gulati, R. Alliance and Networks [J]. Strategic Management Journal, 1998 (19): 23-29.

[36] Gilbert, M. , Cordey-Hayes, M. Understanding the Process of Knowledge Transfer to Achieve Successful Technological Innovation [J]. Technovation, 1996, 16 (6): 301-312.

[37] Greenberg, J. Employee Theft As a Reaction to Underpayment Inequity: The Hidden Cost of Pay Cuts [J]. Journal of Applied Psychology, 1990 (75): 561-568.

[38] Geyskens, I. , Steenkamp, J. B. E. , Scheer, L. K. , Kumar, N. The Effects of Trust and Interdependence on Relationship Commitment: A Trans-Atlantic Study [J]. International Journal of Research in Marketing, 1996, 13 (4): 303-317.

[39] Gulati, R. Does Familiarity Breed Trust? The Implications of Repeated Ties for Contractual Choice in Alliances [J]. Academy of Management Journal, 1995, 38 (1): 85-112.

[40] Griffith, D. A. , Harvey, M. G. , Lusch, R. F. Social Exchange in Supply Chain Relationships: The Resulting Benefits of Procedural and Distributive Justice [J]. Journal of Operations Management, 2006, 24 (2): 85-98.

[41] Hemmert, M. , Bstieler, L. , Okamuro, H. Bridging the Cultural Divide: Trust Formation in University-Industry Research Collaborations in The US, Japan, and South Korea [J]. Technovation, 2014, 34 (10): 605-616.

[42] Hill, M. J, Mathers, K. L. , Wood, P. J. The Aquatic Macroin-

vertebrate Biodiversity of Urban Ponds in a Medium – Sized Europeantown (Loughborough, Uk) [J]. Hydrobiologia, 2015, 760 (1): 1-14.

[43] Hendriks, P. Why Share Knowledge? The Influence of ICT on Motivation For Knowledge Sharing [J]. Knowledge and Process Management, 1999, 6 (2): 91-100.

[44] Huang, J., Luo, L. N., Chen, Z. X. A Study on the Relationship Between Alliance Contract Control and R&D Alliance Risk—The Mediating Effect of Mutual Trust [J]. Studies in Science of Science, 2012, 16 (1): 1732-1748.

[45] Hennart, J. F. Alliance Research: Less is More [J]. Journal of Management Studies, 2006, 43 (7): 1621-1627.

[46] Hardy, C., Lawrence, T. B., Grant, D. Discourse and Collaboration: The Role of Conversations and Collective Identity [J]. Academy of Management Review, 2005, 30 (1): 58-77.

[47] Heide, J. B., John, G. Alliances in Industrial Purchasing: The Determinants of Joint Action in Buyer—Supplier Relationships [J]. Journal of Marketing Research, 1990, 27 (1): 24-36.

[48] Heide, J. B., John, G. Do Norms Matter in Marketing Relationships? [J]. Journal of Marketing, 1992, 56 (2): 32-44.

[49] Inkpen A. C, Beamish P. W. Knowledge, Bargaining Power and International Joint Venture Instability [J]. Academy of Management Review, 1997, 22 (1): 177-202.

[50] Inkpen, A. C., Tsang, E. W. K. Social Capital, Network, and Knowledge Transfer [J]. Academy of Management Review, 2005, 30 (1): 146-165.

[51] Ipe, M. Knowledge Sharing in Organizations : A Conceptual Frame-

work ［J］. Human Resource Developmentual Review, 2003 (2): 337-338.

［52］ Jiang, Z. S., Hao Y. H. Game Analysis of Technology Innovation Alliance Stability Based on Knowledge Transfer ［J］. Computational & Mathematical Organization Theory, 2013, 19 (4): 403-421.

［53］ Jun, Mi. A Study on The Stability of Contract-Based Knowledge Alliance ［J］. Journal of Applied Sciences, 2013, 13 (2): 5057-5063.

［54］ Janz, B. D., Prasarnphanich, P. Understanding The Antecedents of Effective Knowledge Management: The Importance of a Knowledge-Centered Culture ［J］. Decision Sciences, 2003, 34 (2): 351-384.

［55］ Kogut, B. Joint Ventures: Theoretical and Empirical Perspective ［J］. Strategic Management Journal, 1988 (9): 319-332.

［56］ Kumar, R., K. O. Nti. Differential Learning and Interaction in Alliance Dynamics: A Process and Outcome Discrepancy Model ［J］. Organization Science, 1998, 9 (3): 356-367.

［57］ Krogh, G., Nonaka, I., Aben, M. Making the Most of Your Company's Knowledge: A Strategic Framework ［J］. Long Range Planning, 2001, 34 (4): 421-439.

［58］ Kale, P., Singh, H., Perlmutter, H. Learing and Protection of Proprietary Assets in Stratetic Alliance: Building Relational Capital ［J］. Strategic Management Journal, 2000 (21): 217-237.

［59］ Kumar, N., Scheer, L. K., Steenkamp, J. E. The Effects of Supplier Fairness on Vulnerable Resellers ［J］. Journal of Marketing Research, 1995, 32 (1): 54-65.

［60］ Lechner, C., Frankenberger, K., Floyd, S. W. Task Contingencies in the Curvilinear Relationships between Intergroup Networks and Initiative Performance [J]. Academy of Management Journal, 2010, 53 (4): 865-889.

[61] Leonard, D. , Sensiper, S. The Role of Tacit Knowledge in Group Innovation [J]. California Management Review, 1998, 40 (3): 112-132.

[62] Liu, C. L. , Ghauri, P. N. , Sinkovics, R. R. Understanding The Impact of Relational Capital and Organizational Learning on Alliance Outcomes [J]. Journal of World Bus, 2010, 45 (3): 237-249.

[63] Luo, Y. D. Procedural Fairness and Interfirm Cooperation Strategic Alliances [J]. Strategic Management Journal, 2008 (29): 27-46.

[64] Lane, P. J. , Lubatkin, M. Relative Absorptive Capacity and Interorganizational Learning [J]. Strategic Management Journal, 1998 (19): 461-477.

[65] Larson, Andrea. Network Dyads in Entrepreneurial Setting: A Study of the Covernance of Exchange Relationships [J]. Administrative Science Quarterly, 1992, 37 (1): 76-104.

[66] Luo, Y. D. Opportunism in Inter-Firm Exchanges in Emerging Markets [J]. Management and Organization Review, 2006, 2 (1): 121-147.

[67] Luo, Y. D. The Independent and Interactive Roles of Procedural, Distributive, and Interactional Justice in Strategic Alliances [J]. Academy of Management Journal, 2007, 50 (3): 644-664.

[68] Lee, S. C. , Chang, S. N. , Liu, C. Y. The Effect of Knowledge Protection, Knowledge Ambiguity, and Relation Capital on Alliance Performance [J]. Knowledge & Process Management, 2010, 14 (1): 58-69.

[69] Mellat-Parast, M. , Digman, L. A. Learning: The Interface of Quality Management and Strategic Alliances [J]. International Journal of Production Economics, 2008, 114 (2): 820-829.

[70] Morgan, R. M. , Hunt, S. D. The Commitment-Trust Theory of Re-

lationship Marketing [J]. Journal of Marketing, 1994, 58 (3): 20-38.

[71] Mummalaneni, V., Sriram, V. Determinants of Source Loyalty in Buyer-Seller Relationships [J]. Journal of Purchasing and Materials Management, 1990, 26 (1): 21-26.

[72] Mohr, J., Spekman, R. Characteristics of Partnership Success: Partnership Attributes, Communication Behavior, and Conflict Resolution Techniques [J]. Strategic Management Journal, 1994, 15 (2): 135-152.

[73] Mesmer-Magnus, J. R., De Church, L. A. Information Sharing and Team Performance: A Meta-Analysis [J]. Journal of Applied Psychology, 2009, 94 (2): 535-546.

[74] Mohr, J. J., Fisher, R. J., Nevin, J. R. Collaborative Communication in Interfirm Relationships: Moderating Effects of Integration and Control [J]. Journal of Marketing, 1996, 60 (3): 103-115.

[75] Murray, J. Y., Kotabe, M. Performance Implications of Strategic Fit between Alliance Attributes and Alliance Forms [J]. Journal of Business Research, 2005, 58 (11): 1525-1533.

[76] Ngowi, A. B. The Role of Trustworthiness in The Formation and Governance of Construction Alliances [J]. Building and Environment, 2007, 42 (4): 1828-1835.

[77] Niedergassel, B., Leker, J. Different Dimensions of Knowledge in Cooperative R&D Projects of University Scientists [J]. Technovation, 2011, 31 (4): 142-150.

[78] Nahapiet, J., Ghoshal, S. Social Capital, Intellectual Capital, and The Organizational Advantage [J]. Academy of Management Review, 1998, 23 (2): 242-266.

[79] Nguyen, L., Srinivasan, V. A Stagewise Model of Trust Development in Strategic Alliances [J]. Academy of Management Annual Meeting Proceedings, 2014 (1): 10878.

[80] Nonaka, I., Takeuchi, H. The Knowledge – Creating Company: How Japanese Companies Create the Dynamics of Innovation [J]. Harvard Business Review, 1995 (1): 995.

[81] Nonaka, I., Knno, N. The Concept of "Ba": Building A Foundation for Knowledge Creation [J]. California Management Review, 1998, 40 (3): 40-45.

[82] Narus, J. A., Anderson, J. C. Turn Your Industrial Distributors Into Partners. Harvard Business Review, 1986 (64): 66-71.

[83] Nonaka, I., Byosiere, P., Borucki, C. C. Organizational Knowledge Creation Theory: A First Comprehensive Test [J]. International Business Review, 1994, 3 (4): 337-351.

[84] Nelson, K. M., Cooprider, J. G. The Contribution of Shared Knowledge to is Group Performance [J]. MIS Quarterly, 1996, 20 (4): 409-432.

[85] Pastor, M., Sandonis, J. Research Joint Ventures Vs. Cross Licensing Agreements: An Agency Approach [J]. International Journal of Industrial Organization, 2002, 20 (2): 215-249.

[86] Parkhe, A. Strategic Alliance Structuring: A Game Theoretic and Transaction Cost Examination of Interfirm Cooperation [J]. Academy of Management Journal, 1993, 36 (4): 794-829.

[87] Panteli, N., Sockalingam, S. Trust and Conflict Within Virtual Inter-Organizational Alliances: A Framework For Facilitating Knowledge Sharing [J]. Decision Support Systems, 2005, 39 (4): 599-617.

［88］Penley, L. E. , Hawkins, B. Studying Interpersonal Communication in Organizations: A Leadership Application ［J］. Academy of Management Journal, 1985, 28 (2): 309-326.

［89］Reuer, J. J. , Zollo, M. , Singh, H. Post-formation Dynamics in Strategic Alliances ［J］. Strategic Management Journal, 2002, 23 (2): 135-151.

［90］Ring, P. S. , Van de Ven, A. H. Developmental Processes of Cooperative Interorganizational Relationship ［J］. Academy of Management Review, 1994 (19): 90-118.

［91］Sambasivan, M. , Siew-Phaik, L. , Mohamed, Z. A. , Leong, Y. C. Impact of Interdependence Between Supply Chain Partners on Strategic Alliance Outcomes ［J］. Management Decision, 2011, 54 (4): 548-569.

［92］Shipilov, A. , Danis, W. TMG Social Capital, Strategic Choice and Firm Performance ［J］. European Management Journal, 2006, 24 (1): 16-27.

［93］Schreiner, M. , Kale, P. , Corsten, D. What Really is Alliance Management Capability and How Does It Impact Alliance Outcomes and Success? ［J］. Strategic Management Journal, 2009, 30 (13): 1395-1419.

［94］Senge, P. M. Sharing Knowledge ［J］. Executive Excellence, 1998, 15 (6): 11-12.

［95］Schminke, M. , Wells, D. , Peyrefitte, J. , Sebora, T. C. Leadership and Ethics in Work Groups: A Longitudinal Assessment ［J］. Group Organization Management, 2002, 27 (2): 272-293.

［96］Teece D. J. Competition, Cooperation and Innovation: Organization Arrangements for Regimes of Rapid Technological Progress ［J］. Journal of Economic Behavior and Organization, 1992, 18 (1): 1-25.

［97］Tang, M. , Lan, H. An Empirical Research on Factors Influencing the Stability of the Storage Alliance Based on Contract [J]. Springer Berlin Heidelberg, 2015, 23 (41): 15-21.

[98] Thibaut, J. , Walker, L. Procedural Justice: A Psychological Analysis [J]. Duke Law Journal, 1975: 150.

[99] Villena, V. H. , Revilla, E. , Choi, T. Y. The Dark Side of Buyer-Supplier Relationships: A Social Capital Perspective [J]. Journal of Operations Management, 2011, 29 (6): 561-576.

[100] Van Den Hooff, B. , De Ridder, J. A. Knowledge Sharing in Context: The Influence of Organizational Commitment, Communication Climate and Cmc Use on Knowledge Sharing [J]. Journal of Knowledge Management, 2004, 8 (6): 117-130.

[101] Wu, F. , Cavusgil, S. T. Organizational Learning, Commitment and Joint Value Creation Inter-Firm Relationship [J]. Journal of Business Research, 2006, 59 (1): 81-89.

[102] Wanberg, C. , Bunce, L. , Gavin, M. Perceived Fairness of Layoffs Among Individuals Who Have Been Laid Off: A Longitudinal Study [J]. Personnel Psychology, 1999, 52 (1): 59-84.

[103] Wathne, K. H. , Heide, J. B. Opportunism in Interfirm Relationships: Forms, Outcomes, and Solutions [J]. Journal of Marketing, 2000, 64 (4): 36-51.

[104] Yan, A. , Zeng, M. International Joint Venture Instability: A Critique of Previous Research, A Reconceptualization, and Directions For Future Research [J]. Journal of International Business Studies, 1999, 30 (2): 397-414.

[105] Yang, J. , Wang, J. J. , Wong, C. W. Y. , Lai, K. H. Relational

Stability and Alliance Performance in Supply Chain [J]. Omega, 2008 (36): 600−608.

[106] Zhao, M. G. Analysis of The Granularity of Task Decomposition in Enterprise Alliance Based on System Dynamics [M]. Machinery Design & Manufacture, 2010: 487−491.

[107] Zaheer, A., Mcevily, B., Perrone, V. Does Trust Matter? Exploring the Effects of Interorganizational and Interpersonal Trust on Performance [J]. Organization Science, 1998, 9 (2): 141−159.

[108] Zaheer, A., Venkatraman, N. Relational Governance as an Interorganizational Strategy: An Empirical Test of the Role of Trust in Economic Change [J]. Strategic Management Journal, 1995, 16 (5): 373−392.

[109] Zeng, M., Chen, X. Achieving Cooperation in Multiparty Alliances: A Social Dilemma Approach to Partnership Management [J]. Academy of Management Review, 2003, 28 (4): 587−605.

[110] Zarraga, C., Bonache, J. Assessing The Team Environment for Knowledge Sharing: An Empirical Analysis [J]. The International Journal of Human Resource Management, 2003, 14 (7): 1227−1245.

[111] 安世虎, 安中涛, 贺国光. 支持知识共享管理的一个参考对象模型 [J]. 情报科学, 2005, 23 (8): 1201−1204.

[112] 宝贡敏, 余红剑. 关系网络与创业互动机制研究 [J]. 研究与发展管理, 2005, 17 (13): 46−51.

[113] 边燕杰, 丘海雄. 企业的社会资本及其功效 [J]. 中国社会科学, 2000 (2): 87−99.

[114] 包凤耐. 企业关系资本、网络能力对知识转移和创新绩效的影响研究 [D]. 天津财经大学博士学位论文, 2015.

[115] 宝贡敏，王庆喜．战略联盟关系资本的建立与维护［J］．研究与发展管理，2004，16（3）：9-14.

[116] 蔡继荣．联盟伙伴特征、可置信承诺与战略联盟的稳定性［J］．科学学与科学技术管理，2012，33（7）：133-142.

[117] 蔡继荣．战略联盟的动态稳定性与协同机制研究［M］．成都：西南财经大学出版社，2016.

[118] 常荔，李顺才，邹珊刚．论基于战略联盟的关系资本的形成［J］．外国经济与管理，2002，24（7）：29-33.

[119] 陈菲琼，闻丽丽．基于结构灵活性与刚性视角的企业联盟稳定性研究［J］．浙江大学学报，2008，38（6）：163-172.

[120] 陈宝明．我国产业技术创新战略联盟发展成效、问题与政策建议［J］．中国科技产业，2013（12）：60-63.

[121] 陈剑涛．战略联盟的稳定与战略联盟合作伙伴的选择［J］．商业研究，2004（19）：10-12.

[122] 陈凯，佘广文．基于社会资本视角的技术联盟稳定性研究［J］．中国制造业信息化，2012，41（13）：94-96.

[123] 陈佳．产业技术创新战略联盟治理模式影响因素探析［J］．科技管理研究，2011（11）：94-96.

[124] 陈菲琼，范良聪．基于合作与竞争的战略联盟稳定性分析［J］．管理世界，2007（7）：102-110.

[125] 曹霞，于娟，张路蓬．不同联盟规模下产学研联盟稳定性影响因素及演化研究［J］．管理评论，2016，28（2）：3-14.

[126] 陈菲琼．关系资本在企业知识联盟中的作用［J］．科研管理，2003，24（5）：37-43.

[127] 陈耀，步生兵．供应链联盟关系稳定性实证研究［J］．管理世

界，2009（11）：178-179.

［128］邸晓燕，张赤东．产业技术创新战略联盟的性质、分类与政府支持［J］．科技进步与对策，2011，28（9）：59-64.

［129］邓亚鹏．企业战略联盟稳定性研究［D］．北京交通大学硕士学位论文，2012.

［130］董俊武，陈震红．从关系资本理论看战略联盟的伙伴关系管理［J］．财经科学，2003（5）：81-85.

［131］段姗．企业资源整合能力、联盟网络与知识共享关联机制研究［D］．浙江大学同等学力申请博士学位论文，2018.

［132］刁丽琳，朱桂龙．产学研联盟契约和信任对知识转移的影响研究［J］．科学学研究，2015，33（5）：723-733.

［133］冯绍金．构建企业技术创新能力指标体系［J］．东方企业文化，2010（2）：193-194.

［134］冯鲁闽．基于共生理论的产业技术创新联盟稳定性研究［D］．南京邮电大学硕士学位论文，2012.

［135］付向梅．产学研联盟社会资本对创新绩效的影响研究［D］．哈尔滨工程大学博士学位论文，2015.

［136］傅慧，朱雨薇．联盟管理能力与联盟绩效：基于关系资本的视角［J］．软科学，2012，26（6）：92-95.

［137］方静，武小平．产业技术创新联盟信任关系的演化博弈分析［J］．财经问题研究，2013，7（7）：37-41.

［138］冯长利．供应链知识共享影响因素研究［D］．大连理工大学博士学位论文，2011.

［139］国务院．关于印发"十三五"国家科技创新规划的通知［Z］．国发〔2016〕43号，2016.

［140］国务院办公厅．关于推广第三批支持创新相关改革举措的通知［Z］．国办发〔2020〕3号，2020.

［141］顾丽敏．产业集群知识共享研究——基于社会网络理论［M］．北京：经济科学出版社，2016.

［142］龚毅，谢恩．战略联盟控制研究综述［J］．预测，2005，24（1）：7-13.

［143］高建丽．基于知识共享的企业文化建设［J］．企业经济，2007（7）：20-22.

［144］高维和，陈信康，江晓东．声誉、心理契约与企业间关系：基于在华外资企业采购视角的研究［J］．管理世界，2009（8）：102-112.

［145］胡争光，南剑飞．产业技术创新战略联盟战略问题研究［J］．科技进步与对策，2011，27（1）：74-77.

［146］胡珑瑛，张自立．基于创新能力增长的技术创新联盟稳定性研究［J］．研究与发展管理，2007，19（2）：50-55.

［147］郝红军，蒋绪亮．装备制造业R&D联盟稳定性动态博弈研究［J］．科技与管理，2014，16（6）：61-66.

［148］黄深泽．心理预期对战略联盟稳定性的影响［J］．科技与管理，2005（4）：67-69.

［149］韩兰华．战略联盟关系资本对知识转移绩效的影响研究［D］．辽宁大学博士学位论文，2017.

［150］侯光文，薛惠锋．集群网络关系、知识获取与协同创新绩效［J］．科研管理，2017，38（4）：1-9.

［151］郝文杰，鞠晓峰．企业研发团队知识共享影响因素的实证研究［J］．北京理工大学学报，2010，30（2）：249-252.

［152］韩姣杰．基于有限理性与互惠和利他偏好的项目多主体合作

行为研究［D］. 西南交通大学博士学位论文，2013.

［153］蒋樟生，郝云宏. 知识转移视角技术创新联盟稳定性的博弈分析［J］. 科研管理，2012，33（7）：88-97.

［154］蒋芬. 联合开发、优势互补、利益共享、风险共担：产业技术创新战略联盟是产学研结合的趋势［J］. 华东科技，2009（12）：36-37.

［155］江旭，高山行. 战略联盟的范围、治理与稳定性间关系的实证研究［J］. 管理工程学报，2009（2）：1-6.

［156］蒋樟生. 基于知识转移的产业技术创新联盟稳定性分析及判断研究［D］. 哈尔滨工业大学博士学位论文，2009.

［157］蒋伏心，胡潇，白俊红. 产学研联盟的形成路径与稳定性研究［J］. 上海经济研究，2014（8）：57-66.

［158］简兆权，刘荣，招丽珠. 网络关系、信任与知识共享对技术创新绩效的影响研究［J］. 研究与发展管理，2010，4（2）：64-69.

［159］江旭. 联盟信任与伙伴机会主义的关系研究——来自我国医院间联盟的证据［J］. 管理评论，2012，24（8）：1-57.

［160］姜文. 知识共享的障碍因素分析［J］. 情报杂志，2006（4）：38-40.

［161］姜文. 知识共享的障碍因素及其对策分析［J］. 科技管理研究，2007（3）：200-203.

［162］蒋樟生，胡珑瑛. 不确定条件下知识获取能力对技术创新联盟稳定性的影响［J］. 管理工程学报，2010，24（4）：41-47.

［163］季晓芬. 团队沟通对团队知识共享的作用机制研究［D］. 浙江大学博士学位论文，2008.

［164］江星本. 汽车渠道联盟稳定性影响因素实证研究［D］. 重庆工商大学硕士学位论文，2011.

［165］姜骞，胡国杰，唐震．关系风险对中小企业合作创新知识共享的影响研究——关系收益的调节作用［J］．科技管理研究，2015（6）：156-161．

［166］贾生华．资源依赖、关系质量对联盟绩效影响的实证研究［J］．科学学研究，2007，25（2）：334-338．

［167］科技部等六部门．关于推动产业技术创新战略联盟构建的指导意见［Z］．国科发政〔2008〕770号，2008．

［168］科技部等六部门．国家技术创新工程总体实施方案［Z］．国科发政〔2009〕269号，2009．

［169］科技部．关于推动产业技术创新战略联盟构建与发展的实施办法（试行）［Z］．国科发政〔2009〕648号，2009．

［170］科技部等15部门．"十三五"国家技术创新工程规划［Z］．国科发创〔2017〕104号，2017．

［171］李瑞光，段万春．产业技术创新战略联盟投机行为研究［J］．技术经济与管理研究，2015（2）：12-15．

［172］刘二亮．知识联盟组织间知识共享与联盟成员绩效关系研究［D］．武汉大学博士学位论文，2010．

［173］李雪，李菁华．产学研联合的深化：产业技术创新战略联盟研究［J］．科学管理研究，2008（2）：45-48．

［174］李国武，李玲玲．产业技术创新战略联盟研究综述［J］．科技进步与对策，2012（22）：156-160．

［175］李学勇．创新产学研结合机制和模式构建产业技术创新战略联盟［J］．科技日报，2007（6）：1-3．

［176］李新男．创新"产学研结合"组织模式构建产业技术创新战略联盟［J］．中国软科学，2007（5）：9-12．

［177］刘云，梁栋国. 跨国公司战略技术联盟稳定性的影响因素及评估研究［J］. 科学学与科学技术管理，2007（4）：5-9.

［178］梁招娣. 基于多维度 Nash 协商模型的校企合作创新联盟利益分配方法［J］. 科技管理研究，2015（15）：203-207.

［179］李瑞光. 产业技术创新战略联盟稳定性研究——基于云南省的实证分析［D］. 昆明理工大学博士学位论文，2015.

［180］李瑞琴. 跨国公司战略技术联盟稳定性的博弈分析［J］. 财经研究，2005，31（4）：103-111.

［181］刘林舟，武博，孙文霞. 产业技术创新战略联盟稳定性发展模型研究［J］. 科技进步与对策，2012，29（6）：2-64.

［182］林莉，周鹏飞. 知识联盟中知识学习、冲突管理与关系资本［J］. 科学学与科学技术管理，2004（4）：107-110.

［183］刘佑铭. 营销渠道中知识共享对成员关系影响作用研究［D］. 大连理工大学博士学位论文，2008.

［184］李志宏，王海燕. 组织员工隐性知识共享的博弈分析［J］. 科技进步与对策，2010，27（6）：135-138.

［185］刘锟发，李菁楠. 国内外组织内部知识共享影响因素研究综述［J］. 图书馆学研究，2010（8）：8-12.

［186］龙立荣，刘亚. 组织不公正及其效果研究述评［J］. 心理科学进展，2004，12（4）：584-593.

［187］龙立荣，周浩. 职场攻击行为研究探讨［J］. 外国经济与管理，2005，29（9）：42-49.

［188］骆静. 知识员工绩效评估公平感及其对工作态度的影响研究［D］. 华中科技大学博士学位论文，2007.

［189］李大治，王二平. 公共政策制定程序对政策可接受性的影响

［J］. 心理学报，2007，39（6）：1093-1101.

［190］李垣，杨知评，史会斌. 程序公平和分配公平影响联盟绩效的机理研究［J］. 管理学报，2009，6（6）：759-765.

［191］刘娴，徐飞，宋波. 不确定环境下分配公平与信任对战略联盟绩效的影响［J］. 工业工程与管理，2013，18（4）：64-70.

［192］刘刚，王岚. 公平感知、关系质量与研发合作关系价值研究［J］. 科研管理，2014（8）：25-30.

［193］刘泽双，李宇琪. 合作组织间的关系资本、知识整合能力对知识转移的影响研究［J］. 生产力研究，2017（9）：108-111.

［194］刘衡，李垣，李西垚，肖婷. 关系资本、组织间沟通和创新绩效的关系研究［J］. 科学学研究，2010，28（12）：1912-1919.

［195］陆杉. 供应链关系资本及其对供应链协同影响的实证研究［J］. 软科学，2012，26（9）：39-43.

［196］梅花. 企业战略联盟稳定性研究［D］. 西北农林科技大学博士学位论文，2006.

［197］马斌，张国艳. 企业战略联盟稳定性的影响因素研究［J］. 山西高等学校社会科学学报，2011，23（1）：40-43.

［198］马坤. 知识生态系统下企业员工知识共享影响因素模型研究［J］. 情报探索，2012（9）：27-30.

［199］彭雷清，李泉泉. 经销商公平感知对关系承诺影响的实证研究——以中国家电业为例［J］. 广东商学院学报，2010（4）：31-31.

［200］彭星闾，龙怒. 关系资本——构建企业新的竞争优势［J］. 财贸研究，2004（5）：49-54.

［201］潘文安，张红. 供应链伙伴间的信任、承诺对合作绩效的影响［J］. 心理科学，2006，29（6）：1502-1506.

［202］潘宏亮，余光胜．社会资本、知识共享与企业技术创新能力的关系［J］．情报杂志，2013，32（1）：180-184.

［203］青雪梅．契约型战略联盟生态系统构建及其稳定性研究［D］．重庆大学博士学位论文，2016.

［204］秦红霞．企业内部知识共享研究——基于社会资本视角［M］．北京：中国社会科学出版社，2017.

［205］苏晓华，季晓敏．战略联盟稳定性影响因素研究——基于柯达与乐凯联盟的深度案例分析［J］．华东经济管理，2008，22（4）：141-144.

［206］宋波，黄静．非对称性合作视角下战略联盟的稳定性分析——基于鹰鸽博弈模型［J］．软科学，2013，27（2）：28-31.

［207］宋纪宁，于成学．基于共生理论的银保战略联盟稳定性影响因素识别研究［J］．金融理论与实践，2014（4）：46-49.

［208］孙俊华，陈传明．企业家社会资本与公司绩效关系研究——基于中国制造业上市公司的实证研究［J］．南开管理评论，2009，12（2）：28-36.

［209］宋喜凤，杜荣，艾时钟．IT外包中关系质量、知识共享与外包绩效关系研究［J］．管理评论，2013（25）：52-60.

［210］单泪源，彭忆．战略联盟的稳定性分析［J］．管理工程学报，2000（3）：76-78.

［211］谭建伟，梁淑静．产业技术创新战略联盟共生系统稳定性分析［J］．重庆大学学报（社会科学版），2014，20（5）：25-33.

［212］田金花，唐未兵．关系资本与企业竞争新优势的构建［J］．现代管理科学，2006（4）：68-69.

［213］唐丽艳，周建林．社会资本、在孵企业吸收能力和创新孵化绩效的关系研究［J］．科研管理，2014，35（7）：51-58.

［214］谭大鹏，霍国庆．知识转移一般过程研究［J］．当代经济管理，2006，28（3）：11-14.

［215］王玉丽．产业技术创新联盟知识共享影响因素研究［D］．大连理工大学博士学位论文，2015.

［216］王则灵，尤建新．知识产权风险对研发联盟稳定性的影响——基于知识特性的解释［J］．科学学研究，2015，33（9）：1381-1388.

［217］万艳春，陈春花．供应链关系资本对采购绩效影响的实证研究——以珠三角制造企业为例［J］．科技管理研究，2012（24）：214-219.

［218］王雪，张培文，孙宏．基于资源投入的供应链联盟利益分配方案研究［J］．统计与决策，2018（11）：55-59.

［219］吴松强，曹刘，王路．联盟伙伴选择、伙伴关系与联盟绩效——基于科技型小微企业的实证检验［J］．外国经济与管理，2017，39（2）：17-35.

［220］吴维军．关系投入、知识整合能力与供应链联盟企业间知识转移关系研究［D］．辽宁大学博士学位论文，2015.

［221］武志伟，陈莹．关系公平性、企业间信任与合作绩效——基于中国企业的实证研究［J］．科学学与科学技术管理，2010，31（11）：143-148.

［222］王思梦，邵云飞，陈瑶．公平感知调节下联盟社会资本对企业联盟绩效的影响［J］．技术经济，2018，37（8）：52-60.

［223］王禹杰．基于信息熵的建设项目沟通有效性度量研究［J］．吉林建筑工程学院学报，2009，26（6）：71-73.

［224］王娟茹，杨瑾．信任、团队互动与知识共享行为的关系研究［J］．科学学与科学技术管理，2012，33（10）：31-39.

［225］吴明隆．结构方程模型：AMOS 的操作与应用［M］．重庆：重庆大学出版社，2009.

［226］温忠麟，张雷，侯杰泰，刘红云．中介效应检验程序及其应用
［J］．心理学报，2004（5）：614-620.

［227］夏谦谦，桂萍．基于资源成本风险三维视角的战略联盟稳定性
分析［J］．科技创业月刊，2007（2）：75-77.

［228］徐小三，赵顺龙．知识管理视角的技术联盟稳定性研究［J］.
科学学与科学技术管理，2010（10）：54-58.

［229］邢乐斌．汽车产品开发联盟稳定性机理及运行机制研究［D］.
重庆大学博士学位论文，2008.

［230］徐小芳．信任对中小企业联盟稳定性的影响研究［J］．科技和
产业，2015，15（3）：89-92.

［231］徐礼伯，施建军．联盟动态稳定：基于互依平衡的理论研究
［J］．中国工业经济，2010（3）：97-107.

［232］薛卫，雷家骕．关系资本、组织学习与研发联盟绩效关系的实
证研究［J］．中国工业经济，2010（4）：89-96.

［233］徐厚珍，余呈先．产业技术创新战略联盟的知识转移机制研究
［J］．成都航空职业技术学院学报，2014（1）：24-26.

［234］夏维力，李晓歌．校企合作创新网络信任与知识转移的演化关
系研究［J］．软科学，2015（1）：53-59.

［235］谢荷锋，娄芳芳，彭华训．领导风格、沟通能力与管理知识资
源跨企业转移［J］．商业研究，2015（1）：132-143.

［236］徐国东，郭艄．IT能力、知识共享对组织创新绩效影响的实证
研究［J］．情报杂志，2012，31（7）：116-120.

［237］薛佳奇，刘益．组织文化与关系策略对供应链知识共享的影响
研究［J］．科学学与科学技术管理，2008，29（10）：118-123.

［238］薛晓芳，赵毅，王月，张文平．建筑业企业组织沟通有效性对

联盟绩效的影响研究 [J]. 工程管理学报，2012，26（5）：114-118.

[239] 肖玉明. 考虑利润分配公平性的供应链激励模型 [J]. 预测，2009，28（1）：42-47.

[240] 杨震宁，白春叶. 跨国技术战略联盟的信任、冲突与联盟稳定 [J]. 科研管理，2018，39（7）：34-42.

[241] 杨震宁，李东红，曾丽华. 跨国技术战略联盟合作、动机与联盟稳定：跨案例研究 [J]. 经济管理，2016，38（7）：48-58.

[242] 袁淑兰，吕依娜，杨帆，敬静. 创新产学研结合模式的经验与对策 [J]. 科技管理研究，2008（3）：16-17.

[243] 杨震宁，赵红，刘昕颖. 技术战略联盟的驱动力、合作优化与联盟稳定 [J]. 科学学研究，2018，36（4）：691-694.

[244] 原毅军，田宇，孙佳. 产学研技术联盟稳定性的系统动力学建模与仿真 [J]. 科学学与科学技术管理，2013，34（4）：3-9.

[245] 杨光. 高层人员的商业友谊与战略联盟的稳定性研究 [J]. 科学学与科学技术管理，2009，30（2）：197-199.

[246] 闫芬，陈国权. 实施大规模定制中组织知识共享研究 [J]. 管理工程学报，2002，16（3）：39-44.

[247] 叶娇，原毅军. 跨国技术联盟中文化差异与知识转移绩效研究 [J]. 财经问题研究，2011（10）：107-111.

[248] 应力，钱省三. 知识管理的内涵及实施 [J]. 华东经济管理，2001，15（3）：63-64.

[249] 闫立罡，吴贵生. 战略联盟中关系资本的重要作用与培育方法 [J]. 软科学，2006（2）：27-30.

[250] 叶飞，薛运普. 供应链伙伴间信息共享对运营绩效的间接作用机理研究——关系资本为中间变量 [J]. 中国管理科学，2011，19（6）：

112-125.

[251] 颜爱民，徐婷，吕志科．高绩效工作系统、知识共享与企业绩效的关系研究 [J]．软科学，2015，29（1）：70-73.

[252] 苑清敏，齐二石．中小型制造企业的动态联盟模式及其相对稳定性研究 [J]．科学学与科学技术管理，2004（1）：138-141.

[253] 于桂兰，孟秀石．信任与知识分享：情感承诺的中介作用 [J]．管理学家（学术版），2010（9）：3-17.

[254] 叶飞，李怡娜．供应链伙伴关系、信息共享与企业运营绩效关系 [J]．工业工程与管理，2006（6）：89-95.

[255] 在中国共产党第十九次全国代表大会上的报告 [EB/OL]．新华网，2017.

[256] 在中国共产党第二十次全国代表大会上的报告 [EB/OL]．新华网，2022.

[257] 中国产业技术创新战略联盟协同发展网．2017 年度产业技术创新战略联盟活跃度评价报告 [R]．2018.

[258] 中国产业技术创新战略联盟协同发展网．2020—2021 年度产业技术创新战略联盟活跃度评价报告 [R]．2022.

[259] 曾德明，王燕平，文金艳，禹献云．高技术企业创新联盟稳定性研究 [J]．研究与发展管理，2015，27（1）：44-50.

[260] 张涵，康飞，赵黎明．联盟网络关系、公平感知与联盟绩效的关系——基于中国科技创业联盟的实证研究 [J]．管理评论，2015，27（3）：153-161.

[261] 曾小舟，江可申．诚信视角下战略联盟稳定性影响因素研究 [J]．价格月刊，2008（2）：77-79.

[262] 祝爱民，于丽娟，张青山．战略联盟企业间的和谐性分析与优

化［J］. 中国管理科学, 2004, 12（4）, 115-118.

［263］赵炎, 刘忠师. 联盟中企业网络位置与资源位置对创新绩效影响的实证研究——基于中国化学药品行业联盟的分析［J］. 研究与发展管理, 2012, 24（5）: 73-81.

［264］张忠德, 陈婷. 产业技术创新战略联盟稳定性的博弈分析［J］. 企业战略, 2014（1）: 48-51.

［265］张方华. 企业的社会资本与技术支持［J］. 科研管理, 2004, 25（2）: 31-35.

［266］曾德明, 贾曙光, 禹献云. 吸收能力视角下联盟企业关系资本对创新能力影响研究［J］. 中国科技论坛, 2011（5）: 21-26.

［267］曾文杰, 马士华. 制造行业供应链合作关系对协同及运作绩效影响的实证研究［J］. 管理学报, 2010, 7（8）: 1221-1227.

［268］周青. 马香媛, 毛崇峰. 产业技术创新战略联盟的阶段性冲突演化研究［J］. 软科学, 2013, 27（7）: 57-60.

［269］张涵, 康飞, 陶春. 科技创业孵化成员关系强度、知识共享对联盟绩效的影响——成员能力的调节作用［J］. 科技进步与对策, 2017, 9（34）: 108-111.

［270］张爽, 刘宁. 基于知识创新的企业战略制定过程与群体创造行为分析［J］. 南京邮电大学学报（社会科学版）, 2010, 12（1）: 51-55.

［271］张莉, 齐中英, 田也状. 知识转移的影响因素及转移过程研究［J］. 情报科学, 2005, 23（11）: 1606-1609.

［272］郑万松, 孙晓琳, 王刊良. 基于社会资本和计划行为理论的知识共享影响因素研究［J］. 西安交通大学学报（社会科学版）, 2014, 34（1）: 43-48.

［273］朱庆, 张旭梅. 供应链企业间的知识共享机制研究［J］. 科技

管理研究，2005（10）：69-71.

［274］张睿，于勃．基于过程视角的技术联盟知识转移模式研究［J］．科技管理研究，2009（8）：116-119.

［275］张红兵．技术联盟知识转移有效性影响因素的实证研究［J］．科学学研究，2013，31（7）：1041-1049.

［276］周杰，陶晓芳．竞争性战略联盟企业间知识共享研究［J］．西南政法大学学报，2016，18（3）：87-95.

［277］朱晋伟，胡万梅．外派人员、沟通满意度与知识转移能力——基于在华跨国公司的实证研究［J］．华东经济管理，2015（6）：180-184.

［278］周永红，吴银燕，宫春梅．基于企业联盟的知识共享模式分析［J］．情报理论与实践，2014，37（12）：57-60.

［279］张清山，张金成．企业战略联盟不稳定性生成及治理机制［J］．生产力研究，2009（16）：159-161.

［280］周青，王乃有，马香媛．产业技术创新战略联盟冲突类型与影响因素的关联分析［J］．科学学研究，2014，32（3）：473-480.

后 记

初次接触战略联盟是从战略管理的课程学习中了解到的，之后在理论的引导和现实的启发下，立足国家创新驱动发展战略背景，从产业技术创新的视角来关注战略联盟，并把重点锁定于如何维持产业技术创新战略联盟这一新型组织形式的稳定运行与健康发展，更好地发挥其在整合知识与技术资源、实现重大创新等方面发挥的重要作用。于是有了本书写作的基本主题和总体思路。在写作中，立足于定量与定性研究的有机结合，并根据数据分析结果得出相关研究结论和启示，具有一定的理论和现实意义。

本书的出版得到了所在单位给予的经费资助，也得到了经济管理出版社陆雅丽等各位老师的鼎力帮助，她们花费了大量的时间和精力进行编校，同时提出了很多宝贵的意见和建议，自己获益良多。在本书的撰写中，也得到了很多老师和同事们的关心和支持，在此表示衷心感谢！本书列出的参考文献，如有遗漏和缺失，敬请谅解。

由于笔者水平有限，研究的深度和广度还有差距，疏漏和错误在所难免，请各位专家、读者批评指正。

郭丽仙

2023 年 10 月